ACCESO GRATIS *a la Lectura en la Nube*

Para visualizar el libro electrónico en la nube de lectura envíe junto a su nombre y apellidos una fotografía del código de barras situado en la contraportada del libro y otra del ticket de compra a la dirección:

AF276650

ebooktirant@tirant.com

En un máximo de 72 horas laborables le enviaremos el código de acceso con sus instrucciones.

La visualización del libro en **NUBE DE LECTURA** excluye los usos bibliotecarios y públicos que puedan poner el archivo electrónico a disposición de una comunidad de lectores. Se permite tan solo un uso individual y privado.

UNA APROXIMACIÓN AL CONCEPTO DE NEUTRALIDAD EN EL CIBERESPACIO

COMITÉ CIENTÍFICO DE LA EDITORIAL TIRANT LO BLANCH

MARÍA JOSÉ AÑÓN ROIG
Catedrática de Filosofía del Derecho
de la Universidad de Valencia

ANA CAÑIZARES LASO
Catedrática de Derecho Civil
de la Universidad de Málaga

JORGE A. CERDIO HERRÁN
Catedrático de Teoría y Filosofía del Derecho
Instituto Tecnológico Autónomo de México

JOSÉ RAMÓN COSSÍO DÍAZ
Ministro en retiro de la Suprema
Corte de Justicia de la Nación
y miembro de El Colegio Nacional

MARÍA LUISA CUERDA ARNAU
Catedrática de Derecho Penal
de la Universidad Jaume I de Castellón

MANUEL DÍAZ MARTÍNEZ
Catedrático de Derecho Procesal de la UNED

CARMEN DOMÍNGUEZ HIDALGO
Catedrática de Derecho Civil
de la Pontificia Universidad Católica de Chile

EDUARDO FERRER MAC-GREGOR POISOT
Juez de la Corte Interamericana
de Derechos Humanos
Investigador del Instituto de Investigaciones
Jurídicas de la UNAM

OWEN FISS
Catedrático emérito de Teoría del Derecho
de la Universidad de Yale (EEUU)

JOSÉ ANTONIO GARCÍA-CRUCES GONZÁLEZ
Catedrático de Derecho Mercantil de la UNED

JOSÉ LUIS GONZÁLEZ CUSSAC
Catedrático de Derecho Penal
de la Universidad de Valencia

LUIS LÓPEZ GUERRA
Catedrático de Derecho Constitucional
de la Universidad Carlos III de Madrid

ÁNGEL M. LÓPEZ Y LÓPEZ
Catedrático de Derecho Civil
de la Universidad de Sevilla

MARTA LORENTE SARIÑENA
Catedrática de Historia del Derecho
de la Universidad Autónoma de Madrid

JAVIER DE LUCAS MARTÍN
Catedrático de Filosofía del Derecho
y Filosofía Política de la Universidad de Valencia

VÍCTOR MORENO CATENA
Catedrático de Derecho Procesal
de la Universidad Carlos III de Madrid

FRANCISCO MUÑOZ CONDE
Catedrático de Derecho Penal
de la Universidad Pablo de Olavide de Sevilla

ANGELIKA NUSSBERGER
Catedrática de Derecho Constitucional
e Internacional en la Universidad de Colonia
(Alemania). Miembro de la Comisión de Venecia

HÉCTOR OLASOLO ALONSO
Catedrático de Derecho Internacional
de la Universidad del Rosario (Colombia) y
Presidente del Instituto Ibero-Americano
de La Haya (Holanda)

LUCIANO PAREJO ALFONSO
Catedrático de Derecho Administrativo
de la Universidad Carlos III de Madrid

CONSUELO RAMÓN CHORNET
Catedrática de Derecho Internacional
Público y Relaciones Internacionales
de la Universidad de Valencia

TOMÁS SALA FRANCO
Catedrático de Derecho del Trabajo y de la
Seguridad Social de la Universidad de Valencia

IGNACIO SANCHO GARGALLO
Magistrado de la Sala Primera (Civil)
del Tribunal Supremo de España

ELISA SPECKMAN GUERRA
Directora del Instituto de Investigaciones
Históricas de la UNAM

RUTH ZIMMERLING
Catedrática de Ciencia Política
de la Universidad de Mainz (Alemania)

Fueron miembros de este Comité:

Emilio Beltrán Sánchez, Rosario Valpuesta Fernández y Tomás S. Vives Antón

Procedimiento de selección de originales, ver página web:
www.tirant.net/index.php/editorial/procedimiento-de-seleccion-de-originales

UNA APROXIMACIÓN AL CONCEPTO DE NEUTRALIDAD EN EL CIBERESPACIO

IRENE VÁZQUEZ SERRANO

tirant lo blanch
Valencia, 2025

Copyright ® 2025

Todos los derechos reservados. Ni la totalidad ni parte de este libro puede reproducirse o transmitirse por ningún procedimiento electrónico
o mecánico, incluyendo fotocopia, grabación magnética, o cualquier
almacenamiento de información y sistema de recuperación sin permiso
escrito de los autores y del editor.

En caso de erratas y actualizaciones, la Editorial Tirant lo Blanch
publicará la pertinente corrección en la página web www.tirant.com.

© Irene Vázquez Serrano

© TIRANT LO BLANCH
EDITA: TIRANT LO BLANCH
C/ Artes Gráficas, 14 - 46010 - Valencia
TELFS.: 96/361 00 48 - 50
FAX: 96/369 41 51
Email: tlb@tirant.com
www.tirant.com
Librería virtual: www.tirant.es
DEPÓSITO LEGAL: V-2951-2025
ISBN: 978-84-1095-906-4

Si tiene alguna queja o sugerencia, envíenos un mail a: *atencioncliente@tirant.
com*. En caso de no ser atendida su sugerencia, por favor, lea en *www.tirant.
net/index.php/empresa/politicas-de-empresa* nuestro procedimiento de quejas.

Responsabilidad Social Corporativa: http://www.tirant.net/Docs/RSCTirant.pdf

Índice

A Étienne y Ulises

*"No dudemos, por tanto, nosotros,
ni nos tiemble el pulso en el esfuerzo de contribuir,
cada uno desde el lugar que ocupe,
a que el Derecho Internacional sepa dar lo mejor de sí mismo
en la regulación de estos nuevos desafíos"*

Cesáreo Gutiérrez Espada

Palabras previas

1. Este libro nace de la segunda prueba que su autora realizó (diciembre 2024) en el concurso oposición a una plaza de profesorado permanente laboral (Área de Derecho Internacional Público y Relaciones Internacionales de la Universidad de Murcia), prueba, ésta, que la profesora Irene Vázquez Serrano superó brillantemente, con una puntuación de 100 sobre un máximo total posible de 100 puntos.

2. El tema sobre el que escribe se refiere al concepto de neutralidad, término utilizado, parece, por el Rey de Francia en un decreto de 1.408 relativo al conflicto entre el Papa de Roma y el de Avignon (Robert Kolb, *Ius in bello. Le Droit International des conflits armes*, Helbing Lichtenhahn Bruylant, Bale-Bruselas, 2009, 2ª edición, p. 437), y que deriva del latín "ne-uter", ni lo uno ni lo otro, connotando la idea de equidistancia entre las partes en un conflicto armado.

En este libro se estudia, en concreto, la posibilidad de que el concepto de neutralidad vigente en el Derecho Internacional de los conflictos armados pudiese aplicarse también a las actividades cibernéticas, esto es, las realizadas en el ciberespacio, nuevo entorno, que no siendo un espacio físico (como el territorio, el mar, el aire, el espacio ultraterrestre o los espacios polares), permite igualmente que los Estados y, eventualmente, otros sujetos o actores, puedan interactuar por medio de comportamientos de naturaleza muy diversa.

No es un tema fácil precisamente, aunque solo sea porque el mismo está intentando aún abrirse camino en el Derecho Internacional de nuestros días y hacerlo, además, en un ámbito nuevo que busca, a su vez, cómo acomodarse entre las normas de este Ordenamiento jurídico nuestro tan hostigado en los últimos años por las malas prácticas de los que son sus destinatarios. De ahí que considere tan acertada como científicamente honesta la decisión de la autora de entender que su libro encarna *Una aproximación al concepto de neutralidad en el ciberespacio*.

3. La profesora Vázquez ha dividido su estudio en cuatro partes. Me referiré, ahora, a las tres primeras.

En el capítulo 1 (pp. 29-84) se aborda el concepto de neutralidad y las condiciones generales para su ejercicio. En segundo lugar, se analizan las clases o modalidades en las que la neutralidad ha ido conformándose a lo largo de su historia. La autora aclara, pertinentemente a mi entender, que la razón por la que escribe de las diferentes clases de neutralidad antes de tratar su origen y evolución histórica (lo que se lleva a cabo en tercer lugar), se debe a la necesidad de comprender las mutaciones que ha experimentado la figura con el objetivo de adaptarse a la evolución de la realidad y así, más tarde, entender mejor cómo la neutralidad (en sus diversas clases) ha sobrevivido a grandes acontecimientos de la historia (caso de las dos guerras mundiales o la aparición de las organizaciones internacionales, en concreto aquellas con competencias militares). Este primer capítulo finaliza con una reflexión sobre la función llamada a cumplir por este concepto y sobre si sería factible (*leit motiv* del estudio en su conjunto) que el mismo se trasladase al ámbito cibernético.

El capítulo 2 (pp. 85-135) se ocupa de los aspectos esenciales de la interacción Derecho Internacional y Ciberespacio, para continuar con el tema de si el principio de soberanía (de algún modo fundamento del concepto de neutralidad) juega también en este nuevo entorno y, por ende, qué obstáculos fundamentales planearían para la aplicación en el mismo de dicho concepto.

El estatuto jurídico de los Estados neutrales y de los Estados beligerantes es objeto del capítulo 3 (pp. 137-172), proponiéndose en él, cuando se trata de aplicar estos derechos y deberes en el ciberespacio, adaptaciones e, incluso, regímenes distintos, ya de los Estados neutrales ya de los beligerantes. El capítulo finaliza con un examen de los efectos que el incumplimiento del estatuto de neutralidad por parte de los Estados que se declaran ciberneutrales puede generar, siendo las contramedidas una de estas posibles consecuencias.

4. El capítulo 4 (pp. 173-190) pone fin al estudio realizado, planteando la interrogante sobre la dirección que podría tomar la neutralidad ante este otro reto con el que se ha enfrentado; un reto sin precedentes en su larga historia: su aplicación en un nuevo ámbito. En este capítulo, la autora ha prestado especial atención a la práctica actual de los Estados y a su *opinio iuris*. Y en sus párrafos laten con fuerza las carencias y los interrogantes, cuestiones futuras que, todavía sin resolver, la autora entiende deberían ser afrontadas con premura.

5. Cuando el lector de este libro cierra la última de sus páginas, una duda sutil le embarga el ánimo. La autora del mismo, en un más que encomiable ejercicio de honestidad intelectual (en particular en el capítulo 4 de su obra), se ha encargado de dejarnos muy claro que hay poca práctica y menos aún, posiblemente, *opinio iuris* en lo relativo a la aplicación y contenido del concepto de neutralidad en el ciberespacio.

Y llegados a este punto, yo mismo, a quien la autora pidió que escribiera estas palabras previas, me he preguntado si yo lo hubiese hecho, es decir, si hubiese procurado la publicación de estas páginas pese a las incertidumbres todavía existentes sobre la cuestión.

Y lo he pensado y dado vueltas desde todos los ángulos posibles... Me he sentido finalmente feliz al concluir que, como la autora, lo habría hecho. Habría dejado expuesto, como ella, cuál es el estado ahora de la cuestión sin ocultar ni oscurecer por razón alguna que el tema sigue abierto y que un día (que yo, como la autora del libro, tampoco auguro próximo) avanzará significativamente.

Porque en definitiva no creo que "nosotros", los internacionalistas debamos mostrar temor o pusilanimidad alguna. Lo escribí ya hace unos años (y me alegra haber comprobado que la autora de este libro está de acuerdo): "No dudemos, por tanto, nosotros, ni nos tiemble el pulso en el esfuerzo de contribuir, cada uno desde el lugar que ocupe, a que el Derecho internacional sepa dar lo mejor de sí mismo, en la regulación de estos nuevos desafíos" (*La responsabilidad internacional por el uso de la fuerza en el ciberespacio*, Thomson Reuters-Aranzadi, Cizur Menor [Navarra], 2020, p. 45).

Adelante, profesora. Imagine que, como hace en su jardín, se trata de iniciar ese proceso "mágico" (al que se refirió Miguel Delibes) que acaba con la germinación de una nueva planta. Ya ha plantado la semilla; estemos atentos, a partir de ahora, en cómo va creciendo y fructifica de aquí a unos años...

CESÁREO GUTIÉRREZ ESPADA
*Catedrático de Derecho Internacional Público y Relaciones
Internacionales, Profesor Emérito Honorífico de la Facultad
de Derecho en la Universidad de Murcia.*

Abreviaturas y siglas

CDI   Comisión de Derecho Internacional

CICR   Comité Internacional de la Cruz Roja

CIJ   Corte Internacional de Justicia

CPJI   Corte Permanente de Justicia Internacional

DDoS   Denegación de servicios

DI   Derecho internacional

DIAOC   *Droit international appliqué aux operations dans le cyberspace*

DIH   Derecho internacional humanitario

GEG   Grupo de Expertos Gubernamentales de la Asamblea General de la ONU

GEI   Grupo de Expertos Internacionales del *Manual de Tallín 2.0*

HPCR   *Humanitarian Policy and Conflict Research* de la Universidad de Harvard

ICJ   *International Court of Justice*

ILA   *International Law Association*

ONU   Organización de las Naciones Unidas

OTAN   Organización del Tratado del Atlántico Norte

PCIJ   *Permanent Court of International Justice*

TFUE   Tratado de Funcionamiento de la Unión Europea

UE   Unión Europea

Introducción

El Derecho internacional (en adelante, DI) y, particularmente, el Derecho internacional humanitario (en adelante, DIH), establece las normas que regulan a los Estados beligerantes durante el conflicto, mientras que el principio de neutralidad se aplica específicamente a aquellos Estados que han expresado su voluntad de mantenerse imparciales o ajenos al conflicto, evitando que éste se intensifique o se extienda[1]. Y es que, a pesar de que la conducta de los Estados neutrales no haya sido siempre conforme con el principio de imparcialidad, no puede dejar de considerarse que el derecho tradicional a la neutralidad o *ius ad neutralitatem* sigue aplicándose a los conflictos armados internacionales contemporáneos[2] y durante mucho tiempo ha desempeñado un papel central en las posturas políticas y estratégicas de muchos Estados pequeños. El impacto de la neutralidad en cuestiones de seguridad nacional y soberanía ha sido, por lo tanto, objeto de gran interés académico y, como veremos, ésta continúa en vigor, a pesar de las diversas transformaciones experimentadas desde su origen hasta la actualidad.

---

[1]   HOFER, A., "The EU and its Member States at War in Ukraine? Collective Self-defence, Neutrality and Party Status in the Russo-Ukraine War", *European Paper*, vol. 8, núm. 3, 2023, pp. 1697-1740, p. 1726.

[2]   "Por lo tanto, el derecho a la neutralidad está bien vivo" y así se contempla en los manuales militares más recientes de Estados Unidos, Canadá, Reino Unido, Alemania, el *Manual de San Remo sobre la ley aplicable a los conflictos armados marítimos* o los *Principios de Helsinki sobre la ley de neutralidad marítima* adoptados por la *International Law Association* (en adelante, ILA) 30 March 1998 (VON HEINEGG, W. H., "Neutrality in Cyberspace", CZOSSECK, C., OTTIS, K. and ZIOLKOWSKI, K. (eds.), *4*[th] *International Conference on Cyber Conflict*, NATO CCD COE Publications, Tallin, 2012, pp. 35-46, p. 41).

Por otro lado, la reciente aparición del ciberespacio como una nueva dimensión de características propias y muy distinta a los espacios clásicos (tierra, mar y aire) donde los Estados han venido desarrollando sus competencias, ha llevado a plantear la aplicación de la neutralidad en este nuevo dominio, si bien el impacto real que pueda tener la neutralidad permanente de los Estados en este nuevo ámbito aún se desconoce[3], frente a la presión que las actividades cibernéticas, en general, y los conflictos cibernéticos, en particular, han ejercido sobre la noción tradicional de soberanía, desafiando a los Estados beligerantes y a los neutrales cuando se trata de la realización de aquellas operaciones durante un conflicto armado internacional.

Sin embargo, a pesar de que las guerras híbridas son ya una realidad, el debate actual sobre la neutralidad en el ciberespacio es insuficiente y la práctica estatal casi inexistente. Se hace necesario, por tanto, prestarle una mayor atención, también en relación con los temas de seguridad y políticas exteriores estatales, pues creemos que el ciberespacio traerá un nuevo desarrollo del principio de neutralidad (como así ha ocurrido con otros aspectos del DI). Por esa razón, analizar la posibilidad de que un Estado se declare neutral en el nuevo ciberdominio ("un fenómeno en movimiento y en constante transformación"[4]) resulta más que obligada, en tanto en

---

[3]   STROHMEIER, M., PAVUR, J., MARTINOVIC, I. and LENDERS, V., "Studying Neutrality in Cyber-Space: A Comparative Geographical Analysis of Honeypot Responses", in PERCIA, D., MERMOUD, A., MAILLART, T. (eds), *Critical Information Infrastructures Security*, CRITIS, 2022, pp. 1-18, p. 1.

[4]   OCÓN A. L. y GASTALDI, S., "Ciberespacio y defensa nacional: una reflexión sobre el dilema libertad-seguridad en el ejercicio de la soberanía", *Dossier Formación Militar*, 2019, pp. 88-108, p. 92, disponible en https://cefadigital.edu.ar/bitstream/1847939/1640/1/OCÓN%2c%20GASTALDI.%20Defensa%20Nacional%20Nro.%202%2c%20artículo%205.pdf.

cuanto las dudas son muchas: si bien se acepta de forma general que las normas del DI y, más concretamente, del derecho tradicional de la neutralidad son, en principio, aplicables al ciberespacio, éstas pueden requerir aclaraciones o, incluso, modificaciones[5] debido a las características únicas propias y, ciertamente, particulares del ciberespacio[6].

---

[5] Aunque la aplicación del Derecho internacional a este nuevo dominio [el ciberespacio] está ampliamente reconocida, los detalles relativos a la forma en que debe aplicarse en este ámbito son, en el mejor de los casos, confusos. Por lo tanto, discernir la *lex lata* en el ciberespacio es una tarea difícil, especialmente dada la falta de tratados pertinentes y de suficiente práctica estatal y *opinio juris* en este ámbito (*vid. infra*, Capítulo 4, apdo. I). El reto se agrava aún más cuando el régimen jurídico en cuestión se forjó sobre la base de circunstancias muy particulares en el mundo físico que, a menudo, no tienen un equivalente obvio en el ciberespacio. El derecho de neutralidad, que regula la relación entre las partes en un conflicto armado internacional (Estados beligerantes) y los Estados neutrales, es uno de esos regímenes (NEUMAN, N., "Neutrality and Cyberspace: Bridging the Gap between Theory and Reality", *International Law Studies*, vol. 97, 2021, pp. 765-802, p. 766, disponible en https://digital-commons.usnwc.edu/cgi/viewcontent.cgi?article=2970&context=ils).

[6] "Dado que el ciberespacio nos convierte a todos en vecinos, es probable que más naciones se vean afectadas por conflictos en el ciberespacio que en el aire, la tierra o el mar. Estas naciones tendrán que tomar medidas más activas para detener el tráfico de ataques si desean permanecer neutrales. Las naciones buscan cada vez más limitar los conflictos futuros, ponerlos bajo un mayor control, del mismo modo que las guerras más tradicionales fueron restringidas mediante tratados, convenciones y normas. Pero aún se desconoce qué tan bien se mantendrán los viejos acuerdos y qué se debe reinventar debido a la naturaleza del ciberespacio y del conflicto cibernético (HEALEY, J., "When "Not My Problem" Isn´t Enough: Political Neutrality and National Responsibility in Cyber Conflict", CZOSSECK, C., OTTIS, K. and ZIOLKOWSKI, K. (eds.), *4*[th] *Inter-*

Estamos ante un nuevo reto (uno más) a los que se está enfrentando la sociedad internacional actual: el nuevo binomio *Derecho internacional-Ciberespacio.* Un binomio que demanda atención cada vez más urgente, bien para desarrollar normas específicas que aborden las cuestiones más novedosas que vayan surgiendo en el ciberespacio, bien para implementar una adaptación de las normas existentes a las peculiares características de éste.

En los cuatro capítulos que componen este análisis abordaremos la cuestión de la aplicación del principio de neutralidad en el ciberespacio. Para ello, en el Capítulo 1 (*El principio de neutralidad en el Derecho Internacional*) se lleva a cabo un estudio del concepto del principio de neutralidad, así como de las condiciones generales para su ejercicio. En segundo lugar, se analizan las clases de neutralidad que han ido surgiendo a lo largo de la historia del principio. La razón por la que éstas se abordan antes de profundizar en el origen y la evolución histórica de la neutralidad, que se lleva a cabo en tercer lugar, se debe a la necesidad de comprender las numerosas mutaciones que ha experimentado la figura (con el objetivo de adaptarse a la realidad del momento) y poder así más tarde entender mejor cómo la neutralidad, a través de sus clases, ha sobrevivido a grandes acontecimientos de la historia (como las dos Guerras Mundiales) o a otros factores como la aparición de las organizaciones internacionales, en concreto aquellas con competencias militares. Este primer capítulo finaliza con una serie de funciones que ponen de manifiesto la importancia del principio en la sociedad internacional y que, como veremos, podrían ser trasladadas al ámbito cibernético. En todo caso, con este primer capítulo, no se trata de llevar a cabo un análisis del principio de neutralidad clásico, sino de poner en antece-

---

national Conference on Cyber Conflict, NATO CCD COE Publications, Tallin, 2012, pp. 21-33, p. 22).

dentes al lector antes de abordar la aplicación del principio al ciberespacio.

La tríada *Ciberespacio, soberanía y neutralidad* son abordados en el Capítulo 2, que comienza con el estudio del nuevo binomio (Derecho Internacional-Ciberespacio) y continúa con el análisis de la posible aplicación de la soberanía estatal (fundamento del principio de neutralidad) en el ciberespacio, abordando así las dificultades principales en su aplicación, para poder determinar si la neutralidad puede ser ejercida por los Estados (o no) en este nuevo dominio.

El análisis del estatuto jurídico de los Estados neutrales y de los Estados beligerantes en el nuevo dominio se lleva a cabo en el Capítulo 3: *Derechos y deberes de los Estados neutrales y de los Estados beligerantes en el ciberespacio.* En el mismo, se proponen adaptaciones o, incluso, la adopción de regímenes distintos cuando se trata de aplicar estos derechos y deberes, bien de los Estados neutrales, bien de los beligerantes, en el ciberespacio. Este capítulo finaliza con un examen de los efectos que puede conllevar el incumplimiento del estatuto de neutralidad por parte de los Estados ciberneutrales, siendo las contramedidas, como veremos, una de sus posibles consecuencias.

El Capítulo 4 (*Quo vadis, ciberneutralidad?*) pone fin al estudio realizado preguntándonos acerca de la dirección que podría tomar la neutralidad ante este nuevo reto (uno más a lo largo de su historia): la aplicación en un nuevo dominio. En este capítulo se ha prestado especial atención a la práctica actual de los Estados y su *opinio iuris*, a los principales retos que plantea la aplicación de la neutralidad en el ciberespacio, así como al planteamiento de algunas cuestiones futuras que, aún sin resolver, entendemos más urgentes. No obstante, no es un capítulo cerrado aún y quedan reflexiones por hacer.

Por último, en estos párrafos introductorios se hace necesario aclarar algunas cuestiones particulares en relación con el análisis llevado a cabo. En primer lugar, debe señalarse que, en relación con los manuales de la disciplina del DI citados, se ha optado por ediciones antiguas en tanto en cuanto esas ediciones concretas optaron por dedicar un mayor número de páginas (incluso un capítulo completo) a la cuestión[7]. En segundo lugar, ha quedado fuera del presente análisis el ejercicio del principio de neutralidad por los actores no estatales, una cuestión aún debatida en la doctrina. Sin embargo, y a pesar del protagonismo de los actores no estatales en el ciberespacio, entendimos que debíamos comenzar por la versión de la neutralidad más clásica (la neutralidad estatal) en relación con su aplicación al nuevo ciberdominio. Queda, por lo tanto, pendiente un nuevo estudio.

En fin, no cabe duda de que la era digital, que ha llegado para quedarse, ofrece nuevas vías para continuar investigando sobre los conflictos y sobre la paz[8]. La neutralidad en el cibe-

---

[7]   De hecho, algún autor ha explicado este hecho señalando que la neutralidad es "un tema maldito" en el Derecho internacional del que huye la doctrina internacionalista y que puede comprobarse a través de su omisión en los manuales de la disciplina en los que, en el mejor de los casos, pueden dedicarle algunos párrafos. Algo que no es nuevo pues así ocurrió en el periodo de entreguerras, cuando se pensó que la neutralidad había desaparecido. Nada más lejos de la realidad (*vid. infra*, Capítulo 1, apdo. III) (HERRERO DE LA FUENTE, A. A., "Neutralidad, Neutralizaciones y Neutralismos", en *Curso de Derecho Internacional de Vitoria Gasteiz*, Universidad del País Vasco, 1988, pp. 118-159, pp. 121 y 122). De hecho, una lectura rápida de la literatura contemporánea muestra que nadie ha afirmado que la ley de neutralidad haya sido abolida; ha cambiado en algún aspecto (incluso en profundidad), pero no abolida por completo (RONZITTI, N., "Neutrality, non-belligerency, and permanent neutrality according to recent practice and doctrinal views", *Journal of Conflict & Security Law*, núm. 29, 2024, pp.55-71, pp. 66 y ss.).

[8]   WESSELS, J. I., "Introduction: The Digital Age Open Up New Terrains for Peace and Conflict Research", *Conflict and Society*, vol. 4, núm. 1, pp. 125-129, p. 125, disponible en https://www.berghahnjournals.com/view/journals/conflict-and-society/3/1/arcs030110.xml.

respacio puede convertirse en un elemento esencial para el establecimiento de un nuevo concepto: la *ciber-paz*[9].

---

[9] "La ciberpaz intenta fijar en la antinomia de guerra-paz la perspectiva de un orden de paz digital (...). La idea esencial es deslegitimar tanto como sea posible la ciberguerra, y dejar libre de ataques el espacio digital, promover un balance de bienes, dando prioridad a la autoprotección, la ciberdefensa, y la contención sobre el ataque" (WEGNER, H., "La 'ciberguerra' se puede evitar", *Política Exterior*, vol. XXVI, núm. 146, 2012, pp. 140-153, pp. 151 y 153).

Capítulo 1.

El principio de neutralidad en el Derecho internacional

Sin pretender llevar a cabo un análisis exhaustivo del principio de neutralidad de los Estados, un tema complejo que ha sido abordado en profundidad por la doctrina y la jurisprudencia a lo largo de las últimas décadas, se dedicará el primer capítulo de esta obra a la introducción de los aspectos fundamentales de la teoría general del principio de neutralidad que entendemos imprescindibles para poder analizar, a continuación, si es posible (o no) la aplicación del principio de neutralidad en el nuevo dominio, el ciberespacio[10].

1. CONCEPTO Y EJERCICIO DEL DERECHO DE NEUTRALIDAD

La palabra "neutro" tiene su origen en el latín *neuter* y significa "ni uno ni otro"[11]. Si buscamos el significado de neutralidad en DI, vemos que no existe una definición oficial, pero son múltiples y diversas las definiciones existentes: tantas como tipos de neutralidad (*vid infra*. apdo. II). El presidente del Comité de la Cruz Roja Internacional (en delante, CICR) señalaba que

---

[10] Los vocablos *ciberespacio* y *ciberdominio* serán utilizados de forma sinónima a lo largo de este estudio.

[11] El *Diccionario de la lengua española* define la neutralidad como la "cualidad o actitud de neutral", encontrando entre sus sinónimos: imparcial, independiente u objetivo (Real Academia Española, disponible en https://dle.rae.es/neutralidad?m=30_2).

"la neutralidad es un *status* conferido por el Derecho internacional, que deriva del principio de neutralidad aplicable en
tiempos de guerra, definiendo la posición de un Estado que
queda fuera de un conflicto"[12].

---

[12]   SOMMARUGA, C., "Swiss neutrality, ICRC neutrality: ser they indissociable?" An independence worth protecting", *International Review
of the Red Cross*, núm. 288, June 1992, pp. 264-273, pp. 266 y 267.
Otras definiciones son: "El compromiso de un Estado de no ayudar a ninguna parte en un conflicto armado presente o futuro (o
tradicionalmente, en una guerra)" (WELLER, M., "Opinions for a
Peace Settlement for Ukraine: Option Paper I-Neutrality and Related Concepts", *Opinio Juris*, 31 March 2022, disponible en http://
opiniojuris.org/2022/03/31/options-for-a-peace-settlement-for-
ukraine-option-paper-i-neutrality-and-related-concepts/). "La neutralidad es la situación jurídica y política de un Estado que permanece al margen de un conflicto armado y se abstiene de ayudar a
cualquiera de los beligerantes. Se trata de una situación que está en
función de la existencia de un conflicto" (DIEZ DE VELASCO, M.,
Instituciones y Derecho Internacional Público, Tomo I, 10ª ed., Tecnos,
Madrid, 1994, p. 940). "Todos los movimientos o todas las instituciones *que se abstienen* de tomar partido en un conflicto o en un
diferendo y que renuncian a toda índole de injerencias" (HAUNG,
H., "La neutralidad como Principio Fundamental de la Cruz Roja",
Revista Internacional de la Cruz Roja, núm. 138, 1996, pp. 670-673,
pp. 670 y 671. Para Wolff Heintschel VON HEINEGG, "la neutralidad designa el estatuto jurídico de un Estado que no es parte en
un conflicto armado internacional" ("Neutrality in Cyberspace", *op.
cit.*, nota 2, p. 35). También se puede definir "la neutralidad simplemente como una posición jurídica permanente y pública que evita
la guerra como instrumento de política exterior. Se distingue de los
conceptos afines de no alineamiento y neutralismo, que se refieren a prácticas diplomáticas en sistemas multipolares y a decisiones
ad hoc sobre conflictos concretos" (STROHMEIER, M., PAVUR, J.,
MARTINOVIC, I. and LENDERS, V., *op. cit.*, nota 3, p. 2). O "the
law of neutrality provides that the neutral state has a right to remain
separate from the hostilities, and not be adversely impacted by such
hostilities" (CRAWFORD, E., "The Temporal and Geographic Reach
of International Humanitarian Law", in SAUL, B. and AKANDE, D.
(eds.), *The Oxford Guide to International Humanitarian Law*, Oxford

Si la guerra es una "relación esencialmente bilateral entre los Estados en guerra", la neutralidad es la forma que tiene el DI de regular "la situación de los terceros Estados"[13].

University Press, Oxford, 2020, pp. 57-75, p. 69). Pero también la neutralidad significa *renuncia*: "renuncia a extensión territorial, a unión a otros Estados, a agrupación con otros pueblos, renuncia al intento de realizar ideales y sueños. Es el resultado de una experiencia de siglos, el fruto del conocimiento de que la realidad política es totalmente distinta a como se la imaginan los soñadores políticos. Tal vez descansa ahí una cierta resignación" (TONCIC-SORINJ, L., *"La esencia de la neutralidad"*, *Revista de Política Internacional*, núm. 48, 1960, pp. 79-89,). Por último, el Departamento de Defensa de los Estados Unidos define la neutralidad como "the attitude of impartiality during periods of war adopted by third states toward a belligerent and subsequently recognized by the belligerent, which creates rights and duties between the impartial states and the belligerent" (*DoD Dictionary of Military and Associated Terms*, Department of Defense (DoD), JP 1-02, 15 February 2016, p. 234, disponible en https://irp.fas.org/doddir/dod/jp1_02.pdf).

[13] DIEZ DE VELASCO, M., *op. cit.*, nota 12, p. 1063. Es interesante analizar cómo ha evolucionado la terminología pues, como señala Alfred VERDROSS, en un inicio "es neutral un Estado que no participa en una guerra dada. Por consiguiente, y a diferencia de lo que ocurre con los Estados neutralizados, solo puede haber Estados neutrales durante una guerra" (*Derecho Internacional Público*, Biblioteca Jurídica Aguilar, 6ª ed., Madrid, 1976, p. 454). Y en el mismo sentido lo señala también Manuel DIEZ DE VELASCO: "La neutralización internacional supone un *status* que consiste en la creación de un régimen particular para un determinado Estado y que se manifiesta en una limitación del Estado neutralizado en cuanto a no intervenir en ninguna guerra". Así neutralización o Estado neutralizado es sinónimo de neutralidad permanente, diferenciándola de la neutralidad internacional, que es "creada mediante un tratado y que se manifiesta en la obligación de abstenerse un determinado Estado de una guerra concreta en la cual sean partes dos o más Estados también determinados. Este tipo de neutralidad tiene carácter obligatorio como surgida de una estipulación convencional" (*op. cit.*, nota 12, pp. 941 y 281 y ss.) En resumen: neutralización entendida

El principio de neutralidad[14] se considera uno de los principios más antiguos y consolidados del DI[15]. De hecho, la Corte Internacional de Justicia (en adelante, CIJ) ha señalado que

---

como neutralidad permanente y neutralidad entendida como no-beligerancia.

[14] Para profundizar en la teoría del principio de neutralidad, véase: BOTHE, M., "The Law of Neutrality", in FLECK, D. (ed.), *The Handbook of International Humanitarian Law*, 3ª ed., Oxford University Press, Oxford, 2013; CASTRÉN, E., "The preset law of war and neutrality", *The American Journal of International Law*, vol. 49, núm. 2, 1955, pp. 274-277; LENNIS, T. E., "Neutrality, its History, Economics and Law. Vol. 1: The Origins", *West Virginia Law Quarterly*, vol. 42, núm. 2, 1936, pp. 173-177, disponible en https://researchrepository.wvu.edu/cgi/viewcontent.cgi?article=4890&context=wvlr; NASU, H., "The Laws of Neutrality in the Interconnected World: Mapping the Future Scenarios", in WAXMAN, M. and OAKLEY, T. (eds.), in *The Future of Law of the Armed Conflict*, Oxford University Press, Oxford, 2021, pp. 1-15; TUCKER, R. W., "The Law of War and Neutrality at Sea", *International Law Studies*, vol. 50, 1955, pp. 363-371, disponible en https://digital-commons.usnwc.edu/cgi/viewcontent.cgi?article=2045&context=ils; OPPENHEIM, L., *International Law. A Treatise: War and Neutrality*, vol. II, 2ª ed., Longmans, Green and Co., New York & Bombay, 1912, disponible en https://www.gutenberg.org/files/41047/41047-h/41047-h.htm; TSAGOURIAS, N. and BUCHAN, R., "The Law of Neutrality", in CLAPHAM, A. and GAETA, P. (eds.), *The Oxford Handbook of International Law in Armed Conflict*, 2014; y HORNBLOWER, S., "Neutrality", in HORNBLOWER, S., SPAWFORTH, A. and EIDINOW, E. (eds.), *The Oxford Classical Dictionary*, 4th ed., Oxford University Press, Oxford, 2012; TURNS, D., "Cyber War and the Law of Neutrality," in TSAGOURIAS, N. and BUCHAN, R., *Research Handbook on International Law and Cyberspace*, Edward Elgar Publishing, UK and USA, 2015, pp. 380–400, disponible en https://ideas.repec.org/h/elg/eechap/15436_18.html; VERDROSS, *op. cit.*, nota 13, pp. 454-477; y WALKER, G. K., "Information Warfare and Neutrality", *Vanderbilt Journal of Transnational Law*, vol. 33, núm. 5, 2021, pp. 1079-1202, disponible en https://scholarship.law.vanderbilt.edu/vjtl/vol33/iss5/1.

[15] NEUMAN, N., *op. cit.*, nota 5, p. 767.

"tiene un carácter fundamental similar al de los principios y normas humanitarios"[16] y su protagonismo se ha visto extendido hasta nuestros días a través de aquellos Estados que se han declarado Estados neutrales permanentes. Sin embargo, en la actualidad, pocos son los Estados que cumplen con la definición de neutrales permanentes e, incluso, el *status* de permanente en esos casos es complejo[17].

No obstante, a pesar de la variedad que gira en torno a la neutralidad, podemos señalar que se trata de una modificación de la capacidad de obrar que voluntariamente realiza un Estado, sin que suponga "ni mucho menos, que el sujeto sea incapaz, es decir, que no tenga una capacidad jurídica o que ésta se encuentre limitada genéricamente"[18] y que se caracteriza por:

(i) La neutralidad se establece a través de un tratado internacional o de una norma interna. Si la neutralidad se adopta a través de un acto o instrumento interno como la Constitu-

---

[16] Asunto *sobre la legalidad de la amenaza o el uso de armas nucleares*, Opinión consultiva de 8 de julio de 1996, *ICJ Reports*, p. 226, párr. 89: "el derecho internacional no deja lugar a dudas de que el principio de neutralidad, cualquiera que sea su contenido, que es de un carácter fundamental similar al de los principios y normas humanitarios, es aplicable (sin perjuicio de las disposiciones pertinentes de la Carta de las Naciones Unidas), a todo conflicto armado internacional, cualquiera que sea el tipo de armas que se utilicen".

[17] "Por ejemplo, la pertenencia a la Unión Europea pone en entredicho la neutralidad última de Estados como Austria y Suecia. Del mismo modo, algunos Estados han declarado su neutralidad recientemente, como Ghana (en 2012), Mongolia (en 2015) y Ruanda (en 2009). En estos casos, es posible que estas posturas no hayan adquirido una credibilidad significativa entre los beligerantes" (STROHMEIER, M., PAVUR, J., MARTINOVIC, I. and LENDERS, V., *op. cit.*, nota 3, p. 3).

[18] DIEZ DE VELASCO, M., *op. cit.*, nota 12, pp. 281 y 282.

ción de un Estado, se denomina *neutralidad constitucional* o *autoneutralización*[19]. Si se establece mediante un tratado internacional[20], los Estados firmantes "asumen la obligación extra de garantizarla, es decir, de defenderla en caso de violación"[21].

(ii) Únicamente los Estados pueden ejercer la neutralidad, y sólo se aplica frente a conflictos armados internacionales, estando las partes en conflicto obligadas a respetar la soberanía de los Estados neutrales[22].

(ii) Es un *status* que adoptan los Estados en tiempo de guerra y de paz. Ahora bien, tal y como ha señalado la CIJ, no es necesario un estado de guerra en el sentido tradicional, sino que es suficiente con la existencia de un conflicto armado (internacional):

---

[19] Es el caso de Austria, admitida en la Organización de las Naciones Unidas (Resolución de la Asamblea General, 995 (X), de 14 de diciembre de 1955) "sin especialidad alguna respecto a los demás miembros de la Organización, pese a la declaración de neutralidad contenida en su Constitución" (BORRÁS RODRÍGUEZ, A., "La neutralización de Suiza y sus relaciones con la Comunidad Económica Europea", *Anuario Español de Derecho Internacional*, vol. II, 1975, pp. 303-323, pp. 305 y 310).

[20] Llamada también neutralidad internacional (DIEZ DE VELASCO, M., *op. cit.*, nota 12, p. 284).

[21] HERRERO DE LA FUENTE, A. A., *op. cit.*, nota 7, pp. 124 y 144.

[22] Ahora bien, la doctrina ha señalado que los Estados están obligados por el derecho de neutralidad cuando un conflicto haya sido previamente declarado (conflictos internacionales) pero al tratarse de conflictos internos (no internacionales) su ejercicio es debatido, quedando condicionado a que se lleve a cabo la declaración o reconocimiento del conflicto (RONZITTI, N., "Neutrality, non-belligerency, and permanent neutrality according to recent practice and doctrinal views", *op. cit.*, nota 7, pp. 56 y 66-68). Teniendo en cuenta que los conflictos no internacionales son cada vez más numerosos, la cuestión se torna de actualidad.

> "El principio de neutralidad, cualquiera que sea su contenido, (...) es aplicable (con sujeción a las disposiciones pertinentes de la *Carta de las Naciones Unidas*) a todos los conflictos armados internacionales, cualquiera que sea el tipo de armas que se utilicen. La existencia de un conflicto armado internacional activa la ley de neutralidad"[23].

Así, si bien se venía considerando que para que los beligerantes pudieran implementar sus derechos y obligaciones contenidos en el *ius ad bellum*, el conflicto bélico debía tener un umbral significativo de intensidad, duración y alcance geográfico, en la actualidad, la intensidad y la extensión no parecen ser elementos determinantes para poner en marcha la maquinaria de la neutralidad[24].

Además, es frecuente que la neutralidad reúna en la práctica aspectos de no alineación y de moderación diplomática. Sin embargo, no son requisitos que puedan entenderse como necesarios[25], como se analizará en apartados posteriores (*vid infra* Capítulo 1, apdo. II. 4).

Por último, cabe señalar que el *status* de neutralidad acaba (i) con el fin de la guerra, (ii) con la entrada del Estado neutral en el conflicto o (iii) porque un Estado neutral no quiera

---

[23] Asunto *sobre la legalidad de la amenaza o el uso de armas nucleares*, Opinión consultiva de 8 de julio de 1996, *ICJ Reports*, p. 226. En el mismo sentido, "la ley de neutralidad también puede activarse por una situación de conflicto armado que no equivale a guerra en un sentido formal. Una situación de conflicto armado genera una situación de neutralidad para los Estados no participantes" (RONZITTI, N., "Neutrality, non-belligerency, and permanent neutrality according to recent practice and doctrinal views", *op. cit.*, nota 7, p. 56).

[24] UPCHER, J., *Neutrality in Contemporary International Law*, Oxford University Press, Oxford, 2020, pp. 48-54.

[25] STROHMEIER, M., PAVUR, J., MARTINOVIC, I. and LENDERS, V., *op. cit.*, nota 3, p. 3.

o no pueda defender su *status* neutral, permitiendo que su territorio sea parte del conflicto[26].

2. MODALIDADES DE LA NEUTRALIDAD

Los Estados neutrales han optado por las diversas modalidades en las que ha mutado la neutralidad clásica, fundamentalmente tras el establecimiento del sistema de seguridad colectiva por la *Carta de las Naciones Unidas* (1945) y, en menor medida, por la proliferación de las organizaciones internacionales y la pertenencia de los Estados neutrales a algunas de ellas, fundamentalmente la Organización de las Naciones Unidas (en adelante, ONU) o a la Unión Europea (en adelante, UE).

En todo caso, lo que tienen en común la neutralidad clásica y sus modalidades es que los Estados que la adoptan no participan de modo directo en el conflicto[27]. A partir de ahí, como

---

[26]   "Por el contrario, una simple violación de la neutralidad no pone fin a la misma" (VERDROSS, A., *op. cit.,* nota 13, p. 455).

[27]   No participan en el conflicto ni en la construcción de un nuevo orden, señala Adriano MOREIRA que, frente a la neutralidad clásica, acuña el concepto *neutralidad colaborante*: "La neutralidad clásica implica el alejamiento del desorden, sin que esa actitud sea acompañada de una participación activa en la defensa de un orden libremente escogido. La neutralidad colaborante no se entiende sin este último elemento, que transfigura la neutralidad de pasiva en activa (...). Se trata de una actitud de neutralidad ante los desórdenes de Occidente, ante la eventual guerra civil de la cristiandad; pero se trata, al mismo tiempo, de una activa intervención en el sentido de defender, desarrollar y consolidar una cierta concepción europea de estar en el mundo, no recusando la guerra cuando esa concepción está en peligro" ("Neutralidad colaborante", *Revista de Política Internacional,* núm. 95, 1968, pp. 21-38, p. 30).

analizaremos a continuación, podemos encontrar todo un amplio abanico de posibilidades[28].

2.1. La neutralidad permanente y los Estados neutrales

La *neutralidad permanente, perpetua, integral o clásica* es una institución aplicable no solo en tiempos de conflicto sino también en tiempos de paz, por lo que aquellos sujetos que mantienen una neutralidad perpetua tienen derechos y obligaciones en tiempos de guerra y de paz[29]. Más concretamente, aquellos Estados que han optado por la neutralidad permanente tienen dos tipos de obligaciones: a) en tiempos de guerra, no podrán unirse a ningún beligerante ni participar en el conflicto[30]; y b) en tiempos de paz, no podrán unirse a alianzas militares y tam-

---

[28] Y es que "la neutralidad es, en lo histórico, en lo político y en lo jurídico una forma *sui generis*. No sirve para ser copiada sin modificaciones en otros territorios (...). Además, el *status* neutral debe estar lógicamente de acuerdo con el devenir histórico del pueblo en cuestión" (TONCIC-SORINJ, L., *op. cit.*, nota 12, p. 89).

[29] Como señala Fabian NOVAK, "los mismos derechos y obligaciones que las Convenciones de La Haya establecen para la neutralidad ocasional son aplicables a la neutralidad permanente. La diferencia estriba en que el Estado permanente neutral debe ser mucho más riguroso en el cumplimiento de sus obligaciones de abstención e imparcialidad. Sobre todo, en materia de imparcialidad se le exige que evite alianzas o compromisos que pudieran llevarle en el futuro a perder su neutralidad" ("La neutralidad en el Derecho Internacional Contemporáneo", *Agenda Internacional*, vol. 3, núm. 7, 1997, pp. 97-119, p. 104).

[30] De hecho, en tiempos de guerra tampoco podrán éstos practicar la no beligerancia pues favorecería a uno de los beligerantes (RONZITTI, "Neutrality, non-belligerency, and permanent neutrality according to recent practice and doctrinal views", *op. cit.*, nota 7, p. 68).

poco permitir que se establezcan bases extranjeras en su territorio. Son los denominados *efectos anticipados de la neutralidad*[31].

> "La neutralidad permanente de un Estado constituye un esta-
> tuto jurídico específico derivado de la obligación asumida por
> dicho Estado de permanecer neutral, de manera permanente
> y del reconocimiento de esa obligación por parte de otros
> Estados"[32].

La neutralidad está regulada en el *Convenio V de La Haya
relativo a los derechos y a los deberes de las potencias y de las personas neutrales en caso de guerra terrestre* de 1907[33] y en el *Convenio
XIII de La Haya relativo a los derechos y a los deberes de las potencias
neutrales en la guerra marítima*, también de 1907[34]. Ninguno de
estos textos contempla la neutralidad permanente en tiempos
de paz; sí lo hace, como se ha señalado, el derecho consuetudinario que consolida la regla relativa a que el Estado neutral

---

[31]   A la forma neutral de proceder durante el conflicto le correspon-
de "también un comportamiento absolutamente determinado en la
paz" (TONCIC-SORINJ, L., *op. cit.*, nota 12, p. 80).

[32]   BERMEJO GARCÍA, R. y POZO SERRANO, P., "Heidi en Nueva
York: algunos comentarios sobre la adhesión de Suiza a las Naciones
Unidas", *Revista Española de Derecho Internacional*, vol. LIV, 2002, pp.
115-129, p. 116.

[33]   *Convenio V de La Haya, de 18 de octubre de 1907, relativo a los derechos y
deberes de las Potencias y de las personas neutras en caso de guerra terrestre*,
entrada en vigor el 26 de enero de 1910, disponible en https://
www.cruzroja.es/principal/documents/1750782/1852386/
Convenio_V_de_La_Haya_1907.pdf/f6d887f7-5270-43cd-8ad7-
150142a0bbd7.

[34]   *Convenio XIII de La Haya, de 18 de octubre de 1907, relativo a los derechos
y los deberes de los neutrales en la guerra marítima*, entrada en vigor el
26 de enero de 1910, disponible en https://www.cruzroja.es/prin-
cipal/documents/1750782/1852386/Convencion_XIII_La_Haya.
pdf/838bfe79-a95e-4582-8674-ae17880535f3#:~:text=Se%20prohi-
be%20a%20los%20beligerantes,fuerzas%20beligerantes%20terres-
tres%20o%20marítimas.

permanente deberá evitar tomar decisiones o llevar a cabo acciones u omisiones que puedan comprometer su neutralidad.

La neutralidad permanente no es ajena a los cambios[35], y así lo demuestra la práctica estatal. En este sentido, Waldemar HUMMER señaló que las normas de neutralidad permanente requieren también de una *adaptación jurídica* (interpretación) a las circunstancias actuales que repercute, no solo en el cambio de política de neutralidad de ese Estado concreto, sino también en la política de neutralidad permanente de otros Estados en dos aspectos concretos:

- – Uno. Es el propio Estado neutral permanente el que se ha obligado a adecuar su comportamiento a la neutralidad adoptada. Sin embargo, los Estados que hayan reconocido el comportamiento del Estado neutral, explícita o implícitamente, también están autorizados a revisar la política de neutralidad de aquel Estado. De forma que, si el comportamiento del Estado neutral no le capacita para cumplir estrictamente con sus deberes de neutralidad (presunción *iuris et de iure*), aquellos podrán reprocharle que su comportamiento actual puede lesionar la neutralidad[36].

---

[35]   RONZITTI, N., "Neutrality, non-belligerency, and permanent neutrality according to recent practice and doctrinal views", *op. cit.*, nota 7, p. 56.

[36]   Sin embargo, para Waldemar HUMMER, esta hipótesis está íntimamente relacionada con la mezcla entre lo jurídico y lo político que se produce en relación con los *efectos anticipados de la neutralidad* o pre-efectos. "Especialmente se observa (erróneamente) cada vez más (...) no sólo por parte de los políticos sino también de los juristas que todas las medidas que tome el Estado neutral permanente en tiempos de paz tienen que ser adecuadas para fortalecer la credibilidad y la confianza en su neutralidad. Esta reflexión, sin embargo, pertenece claramente a la vertiente política y no jurídica de la neutralidad" ("La adhesión de un Estado con neutralidad

– Dos. El primer argumento analizado nos lleva a afirmar que cada Estado neutral es libre para crear su propia política de neutralidad atendiendo a sus circunstancias especiales[37]. Y así lo hemos visto en la neutralidad permanente que los Estados han ido adoptando a lo largo de la historia: Albania (1913)[38], Austria[39], Bélgica (1830-1920)[40], Camboya (1991)[41], Costa Rica[42], el Estado de Georgia (desde su independencia en 1918 hasta su anexión a la URSS en 1936), el Estado del Vaticano[43], Honduras (Conferencia de Paz Centroamericana de 1907 por un período de 10 años), Irlanda (en cierto senti-

---

permanente a las Comunidades Europas: el caso de Austria", *Revista de Instituciones Europeas*, vol. 17, núm. 3, 1990, pp. 827-872, pp. 838-840).

[37] Reflexiones sobre la "adecuación", la "efectividad" o la "credibilidad" pueden tomarse en consideración, pero no poseen una relevancia jurídica inmediata. "Esto explica la razón de que Austria, por ejemplo, en su política de neutralidad no se tenga que comportar en todos los casos como Suiza" (HUMMER, W., *op. cit.*, nota 36, p. 840).

[38] NOVAK, F., *op. cit.*, nota 29, pp. 103 y 104.

[39] Sobre la neutralidad constitucional de Austria, su compatibilidad con la Carta y, por lo tanto, su aceptación como Estado miembro de las Naciones Unidas, véase: TONCIC-SORINJ, L., *op. cit.*, nota 12, pp. 86 y 87; y NOVAK, F., *op. cit.*, nota 29, pp. 107 y 108.

[40] NOVAK, F., *op. cit.*, nota 29, pp. 106 y 107.

[41] Un exhaustivo análisis histórico, político y jurídico sobre el proceso de neutralidad camboyano puede verse en MARIÑAS, L., "Camboya: las raíces y razones de una neutralidad", *Revista de Política Internacional*, núm. 102, 1969, pp. 171-203; y NOVAK, F., *op. cit.*, nota 29, p. 109.

[42] Sobre la neutralidad de Costa Rica, véase: GROS ESPIELL, H., "La neutralidad permanente de Costa Rica y el Sistema Interamericano", *Revista Española de Derecho Internacional*, vol. 39, núm. 1, 1987, pp. 7-22; y NOVAK, F., *op. cit.*, nota 29, p. 110.

[43] NOVAK, F., *op. cit.*, nota 29, p. 108.

do), Laos[44], Luxemburgo (1867-1920)[45], Malta (1981)[46], Moldavia (1994), Mongolia (2015-2020), Suiza[47] y Turkmenistán (1995)[48]. Algunas neutralidades han sido muy breves (Estado Libre del Congo -el *Acuerdo de la Conferencia de Berlín de 1885*- hasta su anexión por Bélgica en 1907) y otras fallidas: Uruguay (*Tratado de 2 de enero de 1859 entre Uruguay, Brasil y Argentina*, que no fue ratificado) o Paraguay (*Tratado de Triple Alianza de 1 de mayo de 1865*, que tampoco fue ratificado).

---

[44] DIEZ DE VELASCO, M., *op. cit.*, nota 12, p. 283; y NOVAK, F., *op. cit.*, nota 29, p. 109.

[45] NOVAK, F., *op. cit.*, nota 29, p. 107.

[46] Sobre la neutralidad de Malta, puede leerse: RONZITTI, N., "Malta's Permanent Neutrality", *Italian Yearbook of International Law*, vol. 5, 1983, pp. 171-201; y NOVAK, F., *op. cit.*, nota 29, pp. 109 y 110.

[47] Sobre la neutralidad de Suiza, véase: BORRÁS RODRÍGUEZ, A., *op. cit.*, nota 19, pp. 308 y ss.; STOLZ, M., "On Neutrality and Cyber Defence", *Conference Item*, 2019, pp. 484-491, pp. 486 y ss.; SUTER, A., *Neutralität. Praxis, Prinzip und Geschichtsbewusstsein*, Eine kleine Geschichte der Schweiz, Suhrkamp, Berlin, 1998; NOVAK, F., *op. cit.*, nota 29, pp. 105 y 106; BERMEJO GARCÍA, R. y POZO SERRANO, P., "Heidi en Nueva York: algunos comentarios sobre la adhesión de Suiza a las Naciones Unidas", *op. cit.*, nota 32, pp. 115-129; y SCHINDLER, D., "Changing Conceptions of Neutrality in Switzerland", *Austrian Journal of Public International Law*, vol. 42, 1991, pp. 277-294.

[48] *Resolución 55/80, de la Asamblea General, sobre la neutralidad permanente de Turkmenistán*, de 11 de enero de 1996, A/RES/50/80 (A), donde "reconoce y apoya la neutralidad permanente de Turkmenistán" e "invita a los Estados Miembros de las Naciones Unidas a respetar y apoyar la neutralidad permanente de Turkmenistán respetando, igualmente, su independencia, soberanía e integridad territorial", señalando en su Preámbulo que "la adopción por Turkmenistán de la condición de neutralidad permanente no afecta al cumplimiento de las obligaciones que le incumben en virtud de la Carta y contribuirá al logro de los propósitos de las Naciones Unidas".

Mención especial merece el Estado suizo, un ejemplo paradigmático de neutralidad permanente porque "incluso en tiempos de paz, Suiza sigue una política que hace creíble que el país permanecerá neutral en futuros conflictos armados internacionales"[49]. Su entrada en la Sociedad de Naciones supuso, a través de la Declaración de su Consejo de 13 de febrero de 1920, una excepción a tomar parte en las acciones militares, así como a permitir el paso de ejércitos por su territorio[50]. De acuerdo con el artículo 16.1 del *Pacto de la Sociedad de Naciones*, Suiza tenía únicamente obligación de cooperar en relación con las medidas coercitivas económicas y financieras entendiendo, tanto Suiza como la Sociedad de Naciones, que eran medidas compatibles con la condición de Estado neutral perpetuo. Más tarde, tras el referéndum positivo del 3 de marzo de 2002, Suiza se adhirió de pleno derecho a la ONU el 10 de septiembre de ese mismo año, hasta entonces rechazada

---

[49]   DAHINDEN, M., "Schweizer Neutralität im Zeitalter der cyberkriegsführung", *ICT for peace foundation*, Policy Brief, Diskussionspapier, Geneva, 2021, pp. 1-20, p. 5.

[50]   La Declaración de 13 de febrero de 1920 señalaba: "El Consejo de la Sociedad de Naciones, afirmando el principio de que la noción de neutralidad de los miembros de la Sociedad de Naciones no es compatible con este otro principio de que todos los miembros de la Sociedad tienen que actuar en común (...) reconoce que Suiza está en posición única (...). Suiza conservará su neutralidad militar, pero deberá asumir, en cambio, las obligaciones que incumben a los otros Estados miembros en cuanto a sanciones económicas y financieras. (...) la neutralidad perpetua de Suiza y la garantía de inviolabilidad de su territorio (...) están justificadas por los intereses de la paz general y en consecuencia son compatibles con el Pacto" (DE LA HABA DE LOS RÍOS, G., "La evolución jurídica de la neutralidad y su pervivencia en el actual Derecho Internacional", *Revista Española de Derecho Militar*, núm. 115, 2021, pp. 289-309, p. 299, disponible en https://publicaciones.defensa.gob.es/pprevistas/REVISTAS_PAPEL22728/page_288.html).

para poder preservar su neutralidad estricta[51]. En definitiva, la neutralidad permanente ha sido para Suiza un principio de política exterior cuya función es asegurar la independencia del país y la inviolabilidad del territorio nacional. Sin embargo, no es un objetivo en sí mismo, de ahí que no se mencione ni en la finalidad ni en los principios de política exterior de la Constitución Federal helvética[52].

1.1.1. Características de la neutralidad permanente

Muchas notas podrían definir a la neutralidad. Sin embargo, son especialmente claras las características que le atribuye Fabian NOVAK a la institución de la neutralidad permanente.

- En primer lugar, su origen es convencional, señalándose la necesidad de que fueran parte de ese tratado "todas o, al menos, algunas de las grandes potencias del momento".

---

[51]   Como señalan los Profesores Romualdo BERMEJO y Pilar POZO, "desde largo tiempo atrás, la neutralidad había sido una característica de la Confederación [helvética] que se había mantenido al margen de los conflictos europeos desde comienzos del siglo XVI" ("Heidi en Nueva York: algunos comentarios sobre la adhesión de Suiza a las Naciones Unidas", *op. cit.*, nota 32, p. 117; y SCHINDLER, D., "Changing Conceptions of Neutrality in Switzerland", *op. cit.*, nota 46, pp. 277-294).

[52]   DAHINDEN, M., "Schweizer Neutralität im Zeitalter der cyberkriegsführung", *op. cit.*, nota 49, p. 5. En este sentido, Andreas SUTER señala que el hecho de que los autores de la primera constitución del Estado federal moderno se abstuvieran explícitamente de agregar la neutralidad como uno de los principios fundacionales de la Confederación Suiza de 1848, se debe al hecho de la prioridad de la seguridad nacional sobre la política de neutralidad (citado por STOLZ, M., *op. cit.*, nota 46, p. 487).

- En segundo lugar, existe una *garantía de terceros*. Los garantes, esto es, las grandes potencias firmantes del tratado, estaban obligadas a defender con la fuerza la neutralidad contemplada en el tratado y la integridad territorial del Estado neutral. Estamos ante una obligación de hacer (no de reconocer). Por el contrario, para los Estados terceros implicaba el deber de respetar el estatuto del Estado neutral permanente.

- En tercer lugar, la neutralidad tiene carácter permanente o, al menos, así se pretende.

- En cuarto lugar, el deber de abstención. Los Estados neutrales permanentes deben abstenerse de la amenaza o el uso de la fuerza sin que ello signifique renunciar al derecho a la legítima defensa si fuera necesario.

- Por último, la obligación de ser imparciales, no debiendo los Estados neutrales permanentes apoyar a ningún Estado beligerante ni firmar tratados que impliquen su participación en guerras futuras.

Ahora bien, estas características han mutado e, incluso, se han desfigurado para adaptarse a la práctica de los actuales Estados neutrales perpetuos[53].

---

[53] En cuanto al origen convencional, sólo Malta lo cumplió, pero parcialmente, pues no todas las grandes potencias lo firmaron. Por su parte, Camboya y Austria tienen el origen de su neutralidad en su propio texto constitucional, mientras que, en el caso de Laos y Costa Rica, se hicieron declaraciones gubernamentales. Más difícil ha sido el carácter permanente, pues solo en el caso de Costar Rica y de Austria se señala expresamente su permanencia o perpetuidad. En cuanto al deber de abstención, no es un requisito que suele aparecer expresamente contemplado en los tratados, declaraciones gubernamentales o tratados constitucionales. Por último, respecto de la imparcialidad, la dificultad reside en la compatibilidad entre la neutralidad permanente y las organizaciones internacionales que

1.1.2. Los Estados neutrales permanentes y las organizaciones internacionales

El principio de neutralidad ha sido influenciado por la creación y la proliferación de las organizaciones internacionales, así como por la pertenencia de los Estados a las mismas. A continuación, y por razones de cercanía, analizaremos como se ha visto influenciada la neutralidad por la membresía de los Estados en la ONU y en la UE.

Por cuanto respecta a la ONU, con la firma de la *Carta de las Naciones Unidas*, la neutralidad se vio cuestionada, pues se temía que los Estados neutrales se vieran abocados a violar su estatus neutral con las decisiones adoptadas por el Consejo de Seguridad en el marco del Capítulo VII de la Carta. Y así es, un Estado neutral está obligado a cumplir las decisiones del Consejo de Seguridad. Sin embargo, un Estado no infringiría su estatus de neutralidad permanente en el caso de quedar obligado a ejecutar una sanción a otro Estado en virtud de una resolución del Consejo, si los Estados miembros permanentes del

---

prevén sistemas de seguridad colectiva. Sin embargo, ni a Suiza (al entrar en la Sociedad de Naciones) ni a Austria (al entrar en la ONU en 1955), pues Malta y Costa Rica ya eran Estados miembros de la ONU antes de declarar su neutralidad permanente y continuaron siéndolo, les ha supuesto inconveniente alguno su *status* de neutrales permanentes. Varios han sido los argumentos esgrimidos: (i) no parece probable que el Consejo de Seguridad pueda adoptar medidas coercitivas contra nadie (más bien, recomendaciones); (ii) no puede equipararse una sanción de una organización internacional con un conflicto bélico; y (iii) "si la adopción de sanciones con carácter obligatorio depende de una decisión del Consejo de Seguridad, éste puede prescindir de los Estados permanentemente neutrales en la aplicación de las mismas", aunque es cierto que no está obligado a hacerlo, excepto que el reconocimiento de la neutralidad permanente por un Estado, obligue a ese Estado (NOVAK, F., *op. cit.*, nota 29, pp. 111-114).

Consejo hubieran reconocido a los Estados neutrales permanentes y no los hicieran participar en las sanciones, ni militares
ni económicas[54]. La neutralidad, por lo tanto, no excluye la
pertenencia a una organización de seguridad colectiva como la
ONU, como demuestra la participación de Suecia o Suiza, pues
la neutralidad y la seguridad colectiva no son incompatibles[55].

---

[54] NOVAK, F., *op. cit.*, nota 29, p. 113. Así, "en virtud de la Carta de las
Naciones Unidas es posible, al menos en teoría, distinguir entre un
agresor y la víctima de una agresión. Esto, sin embargo, no significa
que los Estados tengan derecho a eximirse unilateralmente de las
obligaciones de la ley de neutralidad y a adoptar una actitud "benévola" en favor de la supuesta víctima de un uso ilegal de la fuerza.
Sin embargo, si el Consejo de Seguridad de la ONU ha decidido
adoptar medidas preventivas o coercitivas en virtud del Capítulo VII
de la Carta de la ONU, el ámbito de aplicación de la ley de neutralidad se reducirá considerablemente y los Convenios de La Haya
de 1907 serán inaplicables. En virtud de los artículos 25 y 103 de
la Carta de la ONU, los Estados que no sean partes en un conflicto armado internacional están obligados a acatar las decisiones del
Consejo de Seguridad de la ONU y, en cualquier caso, a abstenerse
de realizar actividades que interfieran o impidan el ejercicio de las
operaciones coercitivas previstas en dicha resolución. (...) a reserva
de las decisiones que adopte el Consejo de Seguridad de la ONU
en virtud del Capítulo VII de la Carta de las Naciones Unidas, la
ley tradicional de neutralidad se aplica a los Estados que no son
parte en un conflicto armado internacional" (VON HEINEGG, W.
H., "Neutrality in Cyberspace", *op. cit.*, nota 2, p. 36. Véase, en este
mismo sentido, del mismo autor: VON HEINEGG, W. H., "'Benevolent' Third States in International Armed Conflicts: The Myth of
the Irrelevance of the Law of Neutrality", in SCHMITT, M. N. and
PEJIC, J. (eds.), *International Law and Armed Conflict: Exploring the
Faultlines*, Brill, Leiden/Boston, 2007 pp. 543-568).

[55] WELLER, M., *op. cit.*, nota 12. De hecho, "su relevancia y su papel
[del principio de neutralidad] han sobrevivido al cambio normativo
fundamental que el sistema de seguridad colectiva de las Naciones
Unidas (ONU) ha puesto en vigor tras la Segunda Guerra Mundial"
(NASU, H., *op. cit.*, nota 14, p. 1). Véase también, GAVOUNELI, M.,

Ahora bien, ¿qué ocurre con las medidas restrictivas que han sido decididas individualmente o en ejecución de decisiones adoptadas por una organización regional? Las medidas restrictivas impuestas por terceros pueden estar justificadas como contramedidas con arreglo a la legislación sobre responsabilidad del Estado. Sin embargo, el problema aquí es si constituirían una infracción del estatus de neutralidad permanente. La UE ha adoptado (y aún está adoptando) varias medidas restrictivas contra la Federación Rusa por la anexión de Crimea (2014) y la agresión a Ucrania (2022). Estas medidas restrictivas son legales como contramedidas y, en lo que respecta a los neutrales de la UE, éstos no están exentos de su implementación. Por otro lado, Suiza no adoptó ninguna medida restrictiva contra la Federación de Rusia en el momento de la invasión de Crimea y su anexión, aunque se unió a la UE en la implementación de las medidas restrictivas adoptadas contra la agresión rusa a Ucrania. La Federación rusa ha cuestionado la legalidad de las medidas adoptadas fuera del Consejo de Seguridad, pero no ha imputado a los países neutrales permanentes la comisión de una violación específica de su estatus de neutralidad permanente.

Ahora bien, una postura diferente se ha seguido para el envío de material bélico. Suiza ha implementado las medidas restrictivas señaladas por la UE[56], pero ha prohibido cualquier

---

"Neutrality – A survivor?", *The European Journal of International Law*, vol. 23, núm. 1, 2012, pp. 267-273, pp. 270 y ss.

[56]   CALLEJO CRESPO, D., "La adopción de sanciones contra Rusia por la Guerra de Ucrania: la perspectiva de la Comisión Europea", *Revista de Derecho Comunitario Europeo*, núm. 75, 2023, pp. 69-90, pp. 83-84, disponible en https://www.cepc.gob.es/sites/default/files/2023-10/40194rdce7503calleja-crespo.pdf; "Suiza se suma al último paquete de sanciones de la UE contra Rusia por la invasión de Ucrania", *europapress*, 22 de diciembre de 2023, disponible en https://www.europapress.es/internacional/noticia-suiza-suma-ultimo-pa-

envío de armamento (aunque se trate de repuestos entregados a terceros Estados). Y lo mismo ocurrió con Alemania, que declaró en su momento no enviar ningún arma a Ucrania.

"Por lo tanto, se puede argumentar que las medidas restrictivas, si se justifican como contramedidas por violaciones de obligaciones *erga omnes*, también se permiten a países neutrales permanentes. Por el contrario, el envío de artículos militares está prohibido a neutrales permanentes, aunque se admita a terceros que no sean neutrales permanentes (por ej. a la víctima de una agresión)"[57].

Por otro lado, en relación con los Estados neutrales que pertenecen a la Unión Europea, de acuerdo con el artículo 42.7 del *Tratado de la Unión Europea*[58] (en adelante, TUE), pueden mantener su *status* pues la cláusula de seguridad colectiva del mencionado artículo contiene una cláusula de salvaguardia se-

---

quete-sanciones-ue-contra-rusia-invasion-ucrania-20231222143003. html; y "Desmitificando la propaganda rusa sobre Suiza", *swissinfo. ch*, 10 de octubre de 2024, disponible en https://www.swissinfo.ch/ spa/politica-exterior/desmitificando-la-propaganda-rusa-sobre-suiza/87703166.

[57]   RONZITTI, "Neutrality, non-belligerency, and permanent neutrality according to recent practice and doctrinal views", *op. cit.*, nota 7, p. 69. Los Estados neutrales están, pues, obligados por normas *erga omnes*.

[58]   Art. 42.7 TUE: "Si un Estado miembro es objeto de una agresión armada en su territorio, los demás Estados miembros le deberán ayuda y asistencia con todos los medios a su alcance, de conformidad con el artículo 51 de la Carta de las Naciones Unidas. Ello se entiende sin perjuicio del carácter específico de la política de seguridad y defensa de determinados Estados miembros.
Los compromisos y la cooperación en este ámbito seguirán ajustándose a los compromisos adquiridos en el marco de la Organización del Tratado del Atlántico Norte, que seguirá siendo, para los Estados miembros que forman parte en la misma, el fundamento de su defensa colectiva y el organismo de ejecución de ésta".

gún la cual no perjudicará "el carácter específico de la política de seguridad y defensa de determinados Estados miembros". De forma que, un Estado miembro de la UE que sigue una política de neutralidad permanente, en caso de un ataque armado contra otro Estado europeo, se le permite permanecer neutral[59]. Lo que sí que deberán respetar los Estados neutrales miembros de la UE, al ser también miembros de la ONU, será la supremacía de la *Carta de las Naciones Unidas* y, en concreto, su artículo 103[60]. Y solo en el caso de que el Consejo de Seguridad exima a un Estado (o más) del deber de implementar una medida de seguridad colectiva de acuerdo con el artículo 48 de la Carta[61], podrá éste seguir su política de neutralidad permanente.

2.2. La no-beligerancia. Especial referencia a las guerras no declaradas

La modalidad de no-beligerancia, también conocida como *neutralidad ocasional, diferenciada, benévola o flexible* es una situa-

---

[59]   "En los casos de organizaciones supranacionales, como la UE, los estados neutrales han podido negociar acuerdos especiales en lo que respecta a la dimensión de la seguridad colectiva. (Artículo 42 (7), Tratado de la Unión Europea)" (WELLER, M., *op. cit.,* nota 12).

[60]   "En caso de conflicto entre las obligaciones contraídas por los Miembros de las Naciones Unidas en virtud de la presente Carta y sus obligaciones contraídas en virtud de cualquier otro convenio internacional, prevalecerán las obligaciones impuestas por la presente Carta" (art. 103 de la *Carta de la Organización de las Naciones Unidas* de 1945).

[61]   "La acción requerida para llevar a cabo las decisiones del Consejo de Seguridad para el mantenimiento de la paz y la seguridad internacionales será ejercida por todos los Miembros de las Naciones Unidas o por algunos de ellos según lo determine el Consejo de Seguridad" (art. 48 de la *Carta de la Organización de las Naciones Unidas* de 1945).

ción intermedia (y confusa) entre el Estado neutral y el Estado beligerante. Podemos definirla así:

> "Neutralidad ocasional es la que adopta discrecionalmente un Estado ante un conflicto bélico del que quiere permanecer al margen"[62].

Supone, en definitiva, permanecer al margen del conflicto y no regirse por las normas del derecho de neutralidad[63].

Esta modalidad de la neutralidad surgió durante la Segunda Guerra Mundial con España[64], Italia y Turquía. Si bien en

---

[62] HERRERO DE LA FUENTE, A. A., *op. cit.*, nota 7, p. 123. En el mismo sentido, Alegría BORRÁS RODRÍGUEZ señala que la neutralidad ocasional "consiste en que un Estado, ante una determinada situación bélica declare, unilateralmente, su voluntad de abstenerse en la misma y ser absolutamente imparcial, teniendo derecho a que se le respete la inviolabilidad de su territorio y a mantener relaciones pacíficas con los Estados beligerantes y neutrales" (*op. cit.*, nota 19, p. 306). También Manuel DIEZ DE VELASCO: "la *neutralidad ocasional* o voluntaria que puede declarar unilateralmente un Estado ante una situación bélica concreta. Dicha neutralidad no tiene carácter convencional y no supone tampoco ninguna limitación de tiempo" (*op. cit.*, nota 12, p. 284). Ahora bien, algunos autores han señalado que no hay lugar ni para la "neutralidad calificada" ni para la "no beligerancia". Los Estados, o son neutrales, o son partes en el conflicto (VON HEINEGG, W. H., "'Benevolent' Third States in International Armed Conflicts: The Myth of the Irrelevance of the Law of Neutrality", *op. cit.*, nota 54, p. 543).

[63] DIEZ DE VELASCO, M., *op. cit.*, nota 12, p. 944.

[64] Es interesante la versión que se ha dado acerca del aislamiento internacional español durante la dictadura al declararse España un Estado no-beligerante tras la declaración de neutralidad realizada apenas diez meses antes: "La no beligerancia española, promulgada a la caída de la III República francesa, cuando las tropas alemanas se encontraban en la cima de su apogeo militar, no fue sino un gesto político, una astuta pirueta con la que salvar a España (y al Occidente) de los estragos de una guerra generalizable al resto

un inicio la no-beligerancia se consideró una violación de la institución de la neutralidad clásica[65], más tarde se entendió una actualización del concepto de neutralidad. Lo explica muy bien Max SORENSEN en las siguientes líneas:

"La neutralidad, por lo tanto, ya no puede definirse invariablemente como una actitud de imparcialidad. Actualmente un Estado neutral permanece en paz con los beligerantes. Pero tiene el derecho y, según las estipulaciones de tratados relativas a la legítima defensa colectiva o a la seguridad colectiva, tiene la obligación de no acatar ciertas disposiciones del derecho de neutralidad anterior a 1939. De aquí el concepto de neutralidad diferenciada o calificada. En estos casos, el Estado neutral

---

del hemisferio". Dicha versión ha sido duramente criticada llegando a "interpretarse como una pre-beligerancia, al estilo de la pauta de espera de Mussolini entre septiembre de 1939 a junio de 1940" (MORALES LEZCANO, V., "Neutralidad y no beligerancia española en la Segunda Guerra Mundial", *Revista de Estudios Internacionales*, núm. 4, 1983, pp. 813-815, p. 813, disponible en https://dialnet. unirioja.es/servlet/articulo?codigo=2495400). El gobierno español declaró su neutralidad a través del Decreto del 4 de septiembre de 1939 ("Constando oficialmente el estado de guerra que por desgracia existe entre Inglaterra, Francia y Polonia de un lado, y Alemania de otro, ordeno por el presente la más estricta neutralidad a los súbditos españoles, con arreglo a las leyes vigentes y a los principios del Derecho Internacional", *BOE*, 5 de septiembre de 1939) y, apenas unos meses más tarde, a través del Decreto de 12 de junio de 1940, proclamó la no beligerancia ("Extendida la lucha al Mediterráneo por la entrada de Italia en guerra con Francia e Inglaterra, el Gobierno ha acordado la no beligerancia de España en el conflicto", *BOE*, 13 de junio de 1940), volviendo a declararse no-beligerante de nuevo en el conflicto entre Japón y Estados Unidos el 18 de diciembre de 1941 (*BOE*, 19 de diciembre de 1941). Sobre las causas que llevaron a España a declararse no beligerante, véase también MORALES LEZCANO, V., "Las causas de la no beligerancia española, reconsideradas", *Revista de Estudios Internacionales*, vol. 5, 1984, pp. 609-631, disponible en https://dialnet.unirioja.es/servlet/articulo?codigo=2496721.

[65] NOVAK, F., *op. cit.*, nota 29, p. 102.

recurre a ciertas medidas no violentas contra un beligerante.
Este tipo de neutralidad obviamente constituye una desviación
del principio de neutralidad con respecto a todos los beligerantes, que era la base del derecho consuetudinario del siglo XIX
y de las Convenciones de La Haya, de 1907. Pero, mientras el
Estado no beligerante no participe en hostilidades, mantiene la
condición de Estado neutral, y no puede ser objeto de ninguna
contramedida de fuerza por parte del beligerante contra el cual
discrimina legalmente"[66].

Este tipo de neutralidad conlleva para el Estado que se ha
declarado no-beligerante una serie de obligaciones y derechos.

En cuanto a las primeras, van a girar, fundamentalmente,
alrededor de dos ideas. Por un lado, la idea de *abstención*, pues
el no-beligerante no podrá participar en el conflicto ni prestar
ayuda a ninguna de las partes beligerantes, ni directa (a través
de los órganos estatales) ni indirectamente (mediante particulares y aceptada por los órganos estatales)[67]. Por otro lado, la

---

[66]   "La nueva categoría legal aparecida -es decir, la «no beligerancia»- muestra claramente el punto hasta el cual las modificaciones
recientes con respecto al derecho de guerra y al uso de la fuerza,
han influido con la neutralidad tradicional. La "no beligerancia"
es producto de la Segunda Guerra Mundial y denota un fenómeno
ya mencionado: la liberación de ciertos deberes de neutralidad, sin
activa participación en las hostilidades" (SORENSEN, M. (ed.), *Manual de Derecho Internacional Público*, Fondo de Cultura Económica,
México, 1973, pp. 769-770).

[67]   Dicha precisión fue aportada por Estados Unidos en su *Proclama-
ción de neutralidad*, realizada por el ex presidente de Estados Unidos,
George Washington, el 22 de abril de 1793 y, más tarde, se completó
en la *Neutrality Act* de 1974, aplicándola de forma completa en el
arbitraje del Alabama de 1872 (NOVAK, F., *op. cit.*, nota 29, p. 101).
Otra definición de abstención la da Hitoshi NASU: "los Estados neutrales están obligados a abstenerse de proporcionar a los beligerantes apoyo directo o indirecto con determinados bienes y servicios
durante las hostilidades. Esta obligación, sin embargo, no exige que

idea de *imparcialidad*, debiendo el Estado no-beligerante tratar de igual forma a todas las partes beligerantes[68].

En cuanto a los derechos del Estado no-beligerante, éstos son dos: (i) su territorio deberá ser respetado por los beligerantes y (ii) podrá establecer y mantener relaciones comerciales con cualquier Estado, incluidos los propios beligerantes[69]. Debe resaltarse cómo, en ningún caso, los beligerantes han considerado la no-beligerancia como una situación lo suficientemente hostil como para declararles la guerra (o aplicar contramedidas), aun violando las normas de la neutralidad, lo que ha llevado a pensar que la no-beligerancia es una categoría intermedia entre la beligerancia y la neutralidad, fruto de la evolución natural de la propia neutralidad[70].

Por último, es necesario analizar la no beligerancia en relación con las guerras no declaradas. El artículo 2 del *III Convenio de La Haya de 1907 sobre la ruptura de hostilidades* obliga a la no-

---

los Estados neutrales impidan a sus súbditos prestar asistencia fuera de su territorio" (*op. cit.*, nota 14, p. 4).

[68]   De nuevo, Hitoshi NASU define la imparcialidad en el sentido de que "los Estados neutrales deben aplicar toda medida de restricción o prohibición en el ejercicio de sus derechos neutrales o en el cumplimiento de sus deberes de manera imparcial y no discriminatoria hacia todos los beligerantes". Estamos ante un deber de naturaleza subjetiva, por lo que no es necesario que las medidas restrictivas "tengan el mismo efecto sobre los beligerantes, ni tienen que ser concebidas como tales" (*op. cit.*, nota 14, p. 4).

[69]   Tal y como se contempla en el artículo 5 del *Convenio V de La Haya sobre la neutralidad en la guerra terrestre* y en el artículo 12 del *Convenio XIII de La Haya sobre la neutralidad en la guerra marítima*, ambos de 1907.

[70]   "Como lo demuestra el hecho de que en los conflictos bélicos surgidos en los últimos años -sin declaraciones de guerra ni de neutralidad- los Estados que han deseado hacerlo han asistido a los beligerantes tanto económicamente como a través de la entrega de armas y material de guerra, sin participar directamente en las hostilidades" (NOVAK, F., *op. cit.*, nota 29, p. 103).

tificación del estado de guerra al resto de potencias, momento en el que las normas sobre neutralidad adquieren eficacia[71]. El problema es que cada vez son menos los conflictos declarados oficial y expresamente, especialmente a partir de 1945[72], por lo que debemos preguntarnos si el derecho a la neutralidad puede, a través de su modalidad de no-beligerancia, ejercerse ante una guerra no declarada. A pesar de las dudas de la doctrina

---

[71] "El estado de guerra deberá ser notificado sin demora a las potencias neutrales, y no producirá efecto, con respecto a ellas, sino después de recibida la notificación, que podrá incluso ser hecha por vía telegráfica. Sin embargo, las potencias neutrales no podrán invocar la falta de esta notificación, si se establece de una manera indudable que de hecho conocían el estado de guerra" (art. 2). Señalando el párrafo 2º del artículo 3: "El art. II será obligatorio en las relaciones entre un beligerante signatario y las potencias neutrales igualmente signatarias" (*Convenio relativo a la ruptura de hostilidades*, segunda Conferencia de la Paz, La Haya, 18 de octubre de 1907, disponible en https://www.dipublico.org/109751/convenio-relativo-a-la-ruptura-de-hostilidades-segunda-conferencia-de-la-paz-la-haya-18-de-octubre-de-1907/).

[72] Las razones que llevan a un Estado a no declarar la guerra podemos resumirlas en *el pudor* que causa teniendo en cuenta que la *Carta de las Naciones Unidas* prohíbe, en términos absolutos, la amenaza o uso de la fuerza (NOVAK, F., *op. cit.*, nota 29, p. 103 y HERRERO DE LA FUENTE, A. A., *op. cit.*, nota 7, p. 137). Pero también, señaló McNamara cuando Estados Unidos invadió Vietnam, el hecho de que no declarar la guerra supone cierta flexibilidad al Estado atacante que puede así encontrar otras soluciones que no sean la de acabar con la del país enemigo y, al mismo tiempo, evitar que éste conozca las intenciones del atacante. Además, señala, declarar la guerra añade un elemento psicológico a la situación internacional que, debido a las ya realizadas en este siglo, implican "dedicación a la destrucción total del enemigo" y "aumentaría las posibilidades de una mayor participación total en él" (*Effects of a Formal Declaration of War: U.S. Defense Department Statement*, International Legal Materials, vol. 5, núm. 4, July 1996, pp. 791-792, p. 791). En el mismo sentido, HERRERO DE LA FUENTE, A. A., *op. cit.*, nota 7, p. 136.

y de la escasa y poco esclarecedora práctica estatal, la opinión mayoritaria afirma que la no-beligerancia puede darse, incluso si no existe notificación expresa, cuando no haya duda acerca del inicio del conflicto[73].

Parece lógico que, si un conflicto no ha sido declarado expresamente pero tampoco está claro que haya comenzado, ningún Estado podrá exigir a otro tercer Estado que acate la normativa en materia de neutralidad[74]. Sin embargo, la práctica ha sido muy distinta, pues hemos visto Estados declararse neutrales o terceros Estados prestando apoyo a Estados beligerantes sin una declaración de guerra e, incluso, a Estados beligerantes que no han exigido la neutralidad de terceros Estados ni han ejercido su derecho a visitar los barcos neutrales, etc. De hecho, vimos cómo en la Guerra de las Malvinas, Estados Unidos prestó apoyo a Gran Bretaña o cómo Francia, que teóricamente era neutral, vendió armas a Argentina[75].

---

[73] Así, "de no producirse la notificación, los deberes de la neutralidad no comienzan hasta el momento mismo en que se tiene la "certeza indudable" de que los terceros Estados tienen conocimiento efectivo del estado de guerra. Mas como en el caso de un conflicto armado sin declaración de guerra puede resultar a menudo dudoso si se está ante una represalia militar de paz o una guerra, los beligerantes únicamente podrán reclamar el cumplimiento del derecho a la neutralidad cuando hayan dado a conocer claramente que se trata efectivamente de una situación de guerra" (VERDROSS, A., *op. cit.*, nota 13, p. 455).

[74] El Estado beligerante no puede ejercer sus derechos como tal frente a aquel tercer Estado y, tampoco, ningún Estado podrá pedir a otro que cumpla con las normas de neutralidad si la guerra no ha sido expresamente declarada (SCHINDLER, D., "Changing Conceptions of Neutrality in Switzerland", *op. cit.*, nota 46, p. 293).

[75] "En definitiva, abstención sin imparcialidad en el mejor de los supuestos" (HERRERO DE LA FUENTE, A. A., *op. cit.*, nota 7, p. 137).

Las discusiones precedentes han perdido, con todo, fuerza en la actualidad pues ya no se distingue entre guerras declaradas y no declaradas. Los Convenios de Ginebra de 1949 ya han señalado que son norma aplicable a todos los conflictos armados con lo que, ante un conflicto armado, los Estados tendrían derecho a ejercer su no-beligerancia aunque no existiera ningún elemento formal de "declaración".

2.3. Neutralización (o desmilitarización)

La neutralización, también conocida como desmilitarización[76], es un

> "*status* que se crea mediante un tratado internacional pero que afecta únicamente a parte de un territorio, teniendo como consecuencia el hacer ilegal todas las operaciones bélicas o preparativos de las mismas en la zona de que se trate"[77].

La neutralización, regulada en el artículo 15 del *Convenido IV de Ginebra*[78], se diferencia de la neutralidad propiamente

---

[76]   Se usa el término "para no confundir la neutralización de zonas con la neutralidad permanente que, a veces, también es llamada neutralización" (HERRERO DE LA FUENTE, A. A., *op. cit.*, nota 7, p. 125). *Vid. supra* apdo. I.

[77]   BORRÁS RODRÍGUEZ, A., *op. cit.*, nota 19, p. 306. Véase también: CRAWFORD, E., "The Temporal and Geographic Reach of International Humanitarian Law", *op. cit.*, nota 12, p. 68.

[78]   Art. 15: "Zonas neutralizadas. Toda Parte en conflicto podrá, sea directamente sea por mediación de un Estado neutral o de un organismo humanitario, proponer a la Parte adversaria la designación, en las regiones donde tengan lugar combates, de zonas neutralizadas para proteger contra los peligros de los combates, sin distinción alguna, a las personas siguientes: a) los heridos y enfermos, combatientes o no combatientes; b) las personas civiles que no participen en las hostilidades y que no realicen trabajo alguno de índole militar durante su estancia en esas zonas.

dicha en que no se aplica a Estados sino a determinados territorios (islas, archipiélagos, canales internacionales[79], fronteras, mares[80] o, incluso, construcciones como faros y balizas) de forma que el Estado en el que se encuentran estos territorios se compromete "a no establecer tropas, bases militares o construir fortificaciones; y se fundamenta en razones geográficas, políticas o estratégicas"[81] o "puede, incluso, que tenga que destruir las existentes"[82].

En cuanto las Partes en conflicto se hayan puesto de acuerdo sobre la situación geográfica, la administración, el aprovisionamiento y el control de la zona neutralizada prevista, se redactará un acuerdo, que firmarán los representantes de las Partes en conflicto. En tal acuerdo, se determinará el comienzo y la duración de la neutralización de la zona" (*Convenio IV de Ginebra relativo a la protección de personas civiles en tiempo de guerra*, de 12 de agosto de 1949).

[79] CASTILLERO PIMENTEL, E., "Significado y alcance de la neutralización de Panamá", *Anuario Hispano-Luso-Americano de Derecho Internacional*, núm. 4, 1973, pp. 605-610.

[80] En relación con la neutralización del Mediterráneo, se apuntan, entre otras, las siguientes ventajas: "alejaría de estas latitudes el espectro fatídico de la guerra, al menos de la guerra entre potencias de posibilidades nucleares y capacidad para extenderla", "al lograrse una comunidad mediterránea se facilitaría el "desenganche" de los países árabes del control soviético", "perdería fuerza el conflicto árabe-israelí" o "la reunión de los pueblos mediterráneos ante este conflicto podría definir las condiciones de una verdadera y duradera paz" (DE ZAVALA, J., "El Mediterráneo y su neutralización", *Revista de Política Internacional*, núm. 106, 1969, pp. 11-24, p. 23). Véase también ECHÁNOVE, A., "La neutralización del Mediterráneo", *Razón y fe*, Tomo 179, núm. 854, 1969, pp. 234-238.

[81] Fabian NOVAK realiza, además, un estudio de números casos muy completo entre los que se incluyen Panamá, las islas griegas Corfú y Paxos, el Estrecho de Magallanes o el Canal de Suez entre otros (*op. cit.*, nota 29, pp. 114-119).

[82] HERRERO DE LA FUENTE, A. A., *op. cit.*, nota 7, p. 125. "The scope of the provisions is slightly different in each case" (CRAWFORD, E.,

La neutralización resulta, fundamentalmente, de la voluntad de proteger determinadas zonas del planeta de conflictos
bélicos y, más tarde, de la desnuclearización de zonas por parte
de algunos Estados. Y así se observa en la clasificación de la
neutralización que lleva a cabo la doctrina:

    i.   Zonas desnuclearizadas. Las zonas desnuclearizadas (o
        libres de armas nucleares) son "el territorio para el que
        un grupo de Estados conviene mediante tratado y bajo
        control internacional la ausencia total de tales armas,
        contando con el reconocimiento de la Asamblea Gene-
        ral de las Naciones Unidas"[83]. Esta es una más de las
        actividades de verificación y control que llevan a cabo
        órganos y organismos de las Naciones Unidas sobre el
        cumplimiento por los Estados de obligaciones que se le
        han impuesto en materia de desarme; una técnica com-
        pleja que sirve simultáneamente al "desarme" y al "con-
        trol de armamentos", que "apuntaría a conseguir una

"The Temporal and Geographic Reach of International Humanitarian Law", *op. cit.*, nota 12, p. 68).

[83]   REMIRO BROTONS, R., "Zonas libres de armas nucleares y territorios no nuclearizados: el caso español", *Cursos de Derecho Internacional y Relaciones Internacionales de Vitoria-Gasteiz*, Universidad el País
Vasco, 1987, pp. 217-256, p. 221, disponible en https://www.ehu.
eus/documents/10067636/10586263/1986-Antonio-Remiro-Bro-
tons.pdf/14f7c243-3428-cfd9-5531-a692b6ce2c2f?t=1537974194000.
La zona desnuclearizada se define como "aquella que, reconocida
como tal por la Asamblea General, haya sido establecida libremente
por un grupo de Estados en un tratado con el fin de que en ella sea
total la ausencia de armas nucleares" (*Estudio amplio de la cuestión de
las zonas libres de armas nucleares en todos sus aspectos*, Resolución de la
Asamblea General, B,I,1, núm. 3472(XXX), de 11 de diciembre de
1975, disponible en https://documents.un.org/doc/resolution/
gen/nr0/790/52/pdf/nr079052.pdf?token=5KcZFqeZmzotpgOO
9f&fe=true). Véase también HERRERO DE LA FUENTE, A. A., *op.
cit.*, nota 7, pp. 150-152.

sustancial reducción en el nivel del poder militar del Estado" y "a impedir que el poder militar adquiera un desarrollo autónomo y originara peligros específicos al dejar de cumplir sus verdaderas funciones que son defenderse frente al enemigo y disuadirle de que ataque", respectivamente, con el objetivo de "contribuir a la seguridad internacional en áreas en las que un conflicto internacional armado se estima fácilmente provocable"[84].

ii. Zonas de utilización para fines pacíficos, como ocurrió en relación con la Antártida (*Tratado Antártico*, Washington, 1959), el espacio extraterrestre, incluida la Luna, y otros cuerpos celestes (*Tratado sobre los principios que deben regir las actividades de los Estados en la exploración y utilización del espacio extraterrestre, incluida la Luna y otros cuerpos celestes*, Londres, Moscú y Washington, 1967) o los fondos marinos (*Tratado para la prohibición de armas nucleares y de otras armas de destrucción masiva sobre el fondo de los mares y de los océanos* de 1972). Se trata de espacios declarados neutrales, de aplicación del principio de utilización pacífica, donde se realizan actividades, que contribuyen a la cooperación internacional desde un punto de vista científico y jurídico que, en interés general de toda la humanidad en su conjunto, prohíben establecer cualquier tipo de base o instalación y de llevar a cabo cualquier actividad o medida de carácter militar o ensa-

---

[84] MARIÑO MENÉNDEZ, F., "Zonas libres de armas nucleares en el Derecho Internacional", *Cursos de Derecho Internacional y Relaciones Internacionales de Vitoria-Gasteiz*, Universidad el País Vasco, 1986, pp. 147-207, pp. 152 y 153, disponible en https://www.ehu.eus/documents/10067636/10490996/1985-Fernando-Marino-Menendez.pdf/fe6bca3b-fd56-cd79-e894-d24c816eba73?t=1537348391000.

yos armamentísticos, a excepción de ensayos con objetivos pacíficos[85].

iii. Zonas de paz. La zona de paz conlleva la supresión de las bases militares de otros Estados ajenos a esa zona, en especial, de las grandes potencias[86]. En definitiva, supone una neutralización mayor que en el caso de la desnuclearización y su éxito solo parece posible si son reflejadas en *acuerdos globales de desarme* entre las grandes potencias[87].

---

[85] Como ejemplo de todos ellos, véase el *Tratado de la Antártida*. Éste impuso "la utilización pacífica de este continente, lo que se concretó en su no militarización (art. 1-I) y en su no nuclearización (art. V). En su virtud, el continente helado se mantuvo al margen de la guerra fría. Por otro lado, se garantizó "la libertad de investigación científica en la Antártida y la cooperación hacia ese fin" (art. II). De tal forma que "toda actividad humana, presente o futura, que pudiera realizarse en la Antártida y no pudiera considerarse como cooperación científica internacional con utilización pacífica de la Antártida, quedaría al margen del Tratado de la Antártida" no pudiendo considerarse como cooperación (BERMEJO, R. y BOU, V., "El marco jurídico de la cooperación económica en la Antártida: realidades y perspectivas de futuro", *Anuario Argentino de Derecho Internacional*, 1992-1993, pp. 91-136, pp. 91 y 92).

[86] REMIRO BROTONS, R., *op. cit.*, nota 83, p. 221. Las zonas de paz fueron propuestas por los países no alineados y, en este sentido, el 16 de diciembre de 1971, la Asamblea General de las Naciones Unidas adoptó la Resolución A/2832 (XXVI) en la que declaraba el Océano Índico zona de paz con el objetivo de que solo pudieran navegar por el mismo buque de guerra y aviones militares de los Estados ribereños sin que aquellos pertenecientes a las grandes potencias pudieran más que transitarlo ininterrumpidamente. Ahora bien, la idea no prosperó. Puede consultarse más en LABROUSSE, H., "L'Océan Indien, 'Zone de Paix': un objectif louable mais incertain. Conférence Internationale", *Revue Défense Nationale*, núm. 496, 1989, pp. 77-81.

[87] HERRERO DE LA FUENTE, A. A., *op. cit.*, nota 7, p. 157.

Por último, podría señalarse que la *neutralización unitaria* ha sido la respuesta a la pregunta de si "es posible neutralizar zonas geográficas completas, integradas por dos o más Estados colindantes", de forma que cada Estado lleve a cabo su propia neutralización generando un efecto político conjunto que daría como resultado dicha neutralización unitaria[88].

2.4. Neutralismo

Si bien todas las modalidades de neutralidad y la propia neutralidad comparten el mismo prefijo latino *neuter*, lo cierto es que no podemos confundir el neutralismo con las anteriores modalidades, debiendo entenderse por tal "una actitud política más o menos coyuntural"[89] o, como lo especificó, Camilo BARCIA TRELLES, el "desentendimiento respecto del gran duelo ruso-norteamericano"[90].

El neutralismo era una *actitud política* del pasado y no una institución de DI (como sí lo es la neutralidad) que acostumbraban "a adoptar los países recientemente llegados a la independencia y que se hallan en vías de desarrollo" y "se centra únicamente en el conflicto Este-Oeste" y no en cualquier guerra como ocurría con la neutralidad[91].

---

[88] TONCIC-SORINJ, L., *op. cit.*, nota 12, p. 84.

[89] HERRERO DE LA FUENTE, A. A., *op. cit.*, nota 7, p. 122.

[90] Sin embargo, unas líneas más abajo, se corrige a sí mismo y señala que "así definido se correría el riesgo de aceptar una versión incompleta, y, como tal, recusable, respecto a lo que representa esa inclinación, inspirada en el desistimiento. (...) un fenómeno de abultada complejidad que es preciso considerar en toda su especial y dialéctica significación" (BARCIA TRELLES, C., "El problema de la unidad occidental y la polémica de los neutralismos", *Revista de Política Internacional*, núm. 7, 1951, pp. 45-71, p. 49, disponible en https://dialnet.unirioja.es/servlet/articulo?codigo=2496141).

[91] BORRÁS RODRÍGUEZ, A., *op. cit.*, nota 19, p. 305.

El *movimiento neutralista* de los países no alineados, también conocido como *neutralidad positiva* o *bloque de los neutrales*[92],

---

[92]   "Tampoco el llamado bloque de los neutrales es otra cosa más que el intento de formar un grupo de Estados entre Este y Oeste, siendo por lo demás muy cuestionable si una vez realizado un grupo de Estados de este tipo no se uniría en realidad o no podría unirse al Este o al Oeste. Pero el llamado neutralismo no es otra cosa más que una posición política que, bajo el pretexto de una orientación neutral, bien de propósito, bien por ignorancia, favorece al comunismo" (TONCIC-SORINJ, L., *op. cit.*, nota 12, p. 85). En este sentido también lo señalan Camilo BARCIA TRELLES ("Resulta que los neutralistas de Occidente no han sabido o no han querido reflexionar en torno a un contraste que no debe pasar inadvertido y es el siguiente: si Rusia conserva su actual clientela periférica y sometida, y no logran los Estados Unidos sumar parecidas aportaciones en Occidente, se habrá acentuado el actual desequilibrio del mundo, en beneficio de Moscú y en perjuicio de Norteamérica, y como nadie puede poner en tela de juicio que el básico problema internacional coetáneo es el desequilibrio que hizo saltar en trizas el sistema de la compensación de fuerzas nacido en 1648, no parece inadecuado deducir que los neutralistas, lejos de atenuar un problema que es realidad desde 1945, contribuyen a su agudización y, al agravarlo, irremediablemente disminuyen las posibilidades de evasión que creyeron encontrar en el marginalismo", *op. cit.*, nota 90, p. 50) y Carmen MARTÍN DE LA ESCALERA ("mientras que diversos países asiáticos, desentendiéndose del propósito de luchar contra el comunismo, se han instalado en un neutralismo que es primordialmente clara expresión de su recelo contra Occidente", en "La Conferencia de Bangkok. El neutralismo asiático y los países amparados", *Revista de Política Internacional*, núm. 21, 1955, pp. 61-71, p. 61, disponible en   https://dialnet.unirioja.es/servlet/articulo?codigo=2497146). Sobre neutralismo y comunismo, véase: MASSIA-MARTÍN, A., "El neutralismo argelino", *Revista de Política Internacional*, núm. 165, 1963, pp. 127-36, disponible en https://dialnet.unirioja.es/servlet/articulo?codigo=2497077; MENÉNDEZ, J., "El peligroso neutralismo del Reino del Millón de Elefantes", *Revista de Política Internacional*, núm. 52, 1960, pp. 185-200, disponible en https://dialnet.unirioja.es/servlet/articulo?codigo=2496465; y RUBIO GARCÍA, L.,

consistía en

"una actitud política adoptada por una serie de Estados en la época de la guerra fría consistente en no alinearse con ninguna de las superpotencias. La idea (...) se centra en el objetivo de mantener la paz mediante una política de no alineación de los nuevos Estados, de forma que se pueda evitar el enfrentamiento armado entre los dos bloques"[93].

En todo caso, este movimiento neutralista, que tiene su origen en la *Declaración maltesa de neutralidad* el 15 de mayo de 1981[94], no podía, en ningún caso, confundirse con la neutralidad.

"En primer lugar, el neutralismo no es más que un comportamiento político. Los neutralistas no asumen ninguna obliga-

---

"Neutralismo y comunismo: índices de la complejidad asiática", *Revista de Política Internacional*, núm. 29, 1957, pp. 183-190, disponible en https://dialnet.unirioja.es/servlet/articulo?codigo=2496093.

[93] "La Conferencia de Bandung [1955], en la que se reúnen veintinueve países afroasiáticos, constituye la primera ocasión en que se plantea -con diversidad de opiniones- la cuestión del neutralismo. Sin embargo, es en Belgrado [Conferencia de 1961] donde, a iniciativa de Tito Nasser, Nehru y Sukarno, tiene lugar la Primera Conferencia de los no alineados. A ella asisten veinticinco Estados y, aunque en la declaración final se observan las ideas de Nehru, relativas a la paz, a la no alineación y contrarias a la creación de un nuevo bloque -el neutralista- lo cierto es que en la Conferencia se expusieron tesis diferentes que hacían hincapié en la necesidad de, unidos, iniciar una lucha anti-imperialista (...). El fracaso de la Conferencia que debía haberse celebrado en Argel en 1965 hizo pensar a algunos que las semejanzas y las solidaridades afroasiática tenían más de simbólicas que de efectivas y que el neutralismo había llegado a su fin. Pero no fue así. La Tercera conferencia se celebró en 1970 en Lusack con la asistencia de cincuenta y cuatro países no alineados y nueve observadores" (HERRERO DE LA FUENTE, A. A., *op. cit.*, nota 7, pp. 147 y 148).

[94] DE MIGUEL BÁRCENA, J., "Neutralidad y Derecho Constitucionalidad", *Teoría y Realidad Constitucional*, núm. 49, 2022, pp. 239-267, p. 243.

ción internacional de mantener su postura. Por otro lado, las reglas de la neutralidad no desempeñan ningún papel para los Estados neutralistas. En segundo lugar, la neutralidad se refiere a todas las guerras, mientras que el neutralismo únicamente al enfrentamiento Este-Oeste, tomando partido, por lo general, los neutralistas en otros conflictos, especialmente en las luchas de liberación nacional. En tercer lugar, (...) la experiencia demuestra que una neutralidad seria solo es posible en Estados que gozan de estabilidad interna y han alcanzado un grado avanzado de desarrollo económico. Lo que no suele ser el caso de los países neutralistas"[95].

3. ORIGEN Y EVOLUCIÓN HISTÓRICO-JURÍDICA DEL DERECHO A LA NEUTRALIDAD

El principio de neutralidad no ha sido estático, no lo es y, todo apunta, con la aparición del ciberespacio, en donde las fronteras se diluyen, los conflictos se enmascaran en el anonimato y la posibilidad de que los Estados puedan disputar conflictos en él, que no lo va a ser en el futuro. Al contrario, la neutralidad ha ido evolucionando a la par que los retos que se le han ido planteando, dando como resultado revisiones de su concepto, nuevas modalidades de neutralidad e, incluso, excepciones a su propio régimen[96].

---

[95]   SCHINDLER, D., "State of War, Belligerency, Armed Conflict", in CASSESE, A. (ed.), *The New Humanitarian Law of Armed Conflict*, Editoriale Scientifica, 1979, pp. 303-320, p. 311. En el mismo sentido, señaló el ex Secretario General del Consejo de Europa, Lujo TONCIC-SORINJ, *op. cit.*, nota 12, p. 88.

[96]   "Por ejemplo, en la Guerra Fría, el efecto secundario de debilidad tecnológica de la neutralidad motivó la decisión política de aceptar acuerdos armamentísticos vinculados a sanciones en Suiza y Suecia" (STROHMEIER, M., PAVUR, J., MARTINOVIC, I. and LENDERS, V., *op. cit.*, nota 3, p. 4). En este contexto, Suiza siguió su estrategia de neutralidad integral durante toda la Guerra Fría. No se uniría a

3.1. Del medievo a finales del siglo XVIII

El *concepto moderno de neutralidad* no surge hasta antes de la Primera Guerra Mundial, pues la neutralidad o actitud imparcial frente al enemigo no existió ni en el mundo antiguo, ni durante el Imperio Romano, ni durante la Época Medieval y su *adagio* "el que no está conmigo, está contra mí". Sí surgió y se desarrolló durante la Edad Media (s. V-XVII) cierta práctica en torno a la neutralidad en el ámbito marino[97] que, incluso, fue definida por Emerico de VATTEL, en 1758, señalando que en una guerra "un pueblo es neutral si no participa en ella de ninguna manera, ambas partes son amistosas y las fuerzas del conflicto no favorecen a ninguna parte en detrimento de la otra"[98].

Más tarde, mientras que el nacionalismo, el juego de las alianzas, la ambición autocrática y la carrera por la supremacía militar contribuían a retrasar la integración política del mundo, los juristas y estadistas, a través de la evolución de conceptos que integran el DI, trataron de perfeccionar las relaciones jurídicas de esa inestable sociedad política internacional. Las guerras aún se consideraban *herramientas permisibles* para la gestión

---

la ONU, no participaría en ninguna sanción económica o militar y seguiría altamente armado y proporcionaría servicios diplomáticos y humanitarios a la comunidad internacional. La Guerra Fría dio forma al principio de corriente normal (*courant normal*) que aún se aplica en el caso de las sanciones económicas: para no molestar a la nación sancionada, Suiza no participaría en las sanciones. Sin embargo, para evitar molestar a las naciones sancionadoras, tampoco permitiría ninguna elusión de las sanciones congelando sus interacciones económicas al *ámbito regular* del comercio económico con el país sancionado" (STOLZ, M., *op. cit.*, nota 46, p. 486).

[97] VERDROSS, A., *op. cit.*, nota 13, p. 455.

[98] VATTEL, E., *Le droit de Gens, ou principes de la Loi naturelle, appliqués à la conduite et aux affaires des nations et des souverains*, 1959, p. 416 (citado por DE LA HABA DE LOS RÍOS, G., *op. cit.*, nota 50, p. 294; y por NOVAK, F., *op. cit.*, nota 29, p. 97).

de los asuntos internacionales, apostando entonces los Estados por su neutralidad para quedar al margen de los conflictos no deseados[99]. Sin embargo, los Estados, durante los conflictos, en ocasiones eran beligerantes y en ocasiones neutrales, por lo que la práctica del derecho de neutralidad fue, la mayor parte de las veces, vacilante[100].

Una muestra de esta práctica, así como un elemento importante en la formación del derecho de neutralidad, fueron las proclamaciones de neutralidad (*Neutrality Law*) realizadas por el ex presidente de Estados Unidos, George WASHINGTON, el 22 de abril de 1793 y el 24 de marzo de 1794 y la Ley de Neutralidad de 5 de mayo de 1794 (renovada de nuevo en 1818) que han sido, incluso, consideradas "los fundamentos de la moderna práctica de los Estados en esta materia"[101]. Fue durante ese periodo cuando empezaron a tomar forma las normas de neutralidad y se consagró en los primeros instrumentos, como la *Declaración de París* de 1856[102].

---

[99] VAGTS, F. D., "The Traditional Legal Concept of Neutrality in a Changing Environment", *American University International Law Review*, vol. 4, núm. 1, pp. 83-102, pp. 85-87.

[100] "Como beligerantes, los Estados tienen interés en que el comercio de los Estados neutrales con el enemigo sea restringido al máximo, mientras que como neutrales les interesa mantener su libertad de comercio todo lo íntegra que sea posible" (VERDROSS, A., *op. cit.*, nota 13, p. 455).

[101] VERDROSS, A., *op. cit.*, nota 13, p. 456; y NOVAK, F., *op. cit.*, nota 29, p. 97.

[102] *Declaración de París relativa a determinadas reglas de Derecho marítimo en tiempo de guerra*, hecho en Paris, el 16 de abril de 1856, disponible en http://www.ordenjuridico.gob.mx/TratInt/2022ml/DECLARA-CION-DERECHO%20MARITIMO.pdf.

3.2. *Siglos XIX y XX: la costumbre y su cristalización*

Durante el siglo XIX, la neutralidad no sólo se consolida como práctica y adquiere naturaleza de Derecho consuetudinario, sino que también empieza a positivizarse, con la primera *Declaración de derecho marítimo de París* de 1856 que, en sus normas sobre el bloqueo, el corso y el contrabando, incluía el derecho de neutralidad[103] ante un conflicto armado, pues mantenerse al margen ante un conflicto armado "podía ser positivo para la paz e incluso provechoso"[104].

La celebración de la II Conferencia de la Paz de La Haya de 1907 dio lugar a una codificación del derecho consuetudinario del derecho de neutralidad que cristalizó principalmente en el *Convenio V de La Haya, de 18 de octubre de 1907, relativo a los derechos y deberes de las Potencias y de las personas neutras en caso de guerra terrestre,* de apenas 25 artículos, y en el *Convenio XIII de La Haya, de 18 de octubre de 1907, relativo a los derechos y los deberes de los neutrales en la guerra marítima,* de 33 artículos[105]. Más tarde,

---

[103] VERDROSS, A., *op. cit.,* nota 13, p. 456.

[104] Más tarde, con la Sociedad de Naciones y la Organización de las Naciones Unidas y el establecimiento de conceptos como "guerra justa", agresores y agredidos, la neutralidad parecía volver a estar fuera de lugar (HERRERO DE LA FUENTE, A. A., *op. cit.,* nota 7, p. 122). *Vid. infra* Capítulo 1, apdos. 2.1 y 2.2.

[105] Ninguna de las Convenciones regula de forma completa el derecho de neutralidad, si bien ambas contienen la cláusula *si omnes:* "dice esta cláusula que un acuerdo no será aplicable en una guerra si no han ratificado el tratado en cuestión todos los beligerantes. Si, pues, un Estado que no es parte en el tratado entra en guerra juntamente con Estados que son parte en él, los Convenios en cuestión no se aplicarán ni siquiera entre estos Estados. En tal supuesto habrá que remitirse a los tratados anteriores reconocidos por todos los beligerantes o, en su defecto, al derecho internacional consuetudinario. Pero estas cláusulas pierden toda significación si las normas de un convenio han sido objeto de un reconocimiento consuetudinario

finalizada la Primera Guerra Mundial, si bien se celebró la VI Conferencia panamericana de La Habana, donde se aprobó la *Convención de 20 de febrero de 1928 acerca de la neutralidad en el mar,* la codificación más importante de las normas que regulan la relación entre Estados neutrales y Estados beligerantes en el caso de los dominios terrestre y marítimo fueron las Convenciones de La Haya[106].

En cuanto a la guerra aérea, en 1923 se redactaron las *Reglas de La Haya para la Guerra Aérea,* pero los Estados nunca las incluyeron como parte de un tratado[107]. Sin embargo, se considera que muchas de las normas relativas a la neutralidad reflejan DI consuetudinario[108], por lo que su existencia y su vigencia sería incuestionable.

Para algunos autores, sin embargo,

---

común o general" (VERDROSS, A., *op. cit.,* nota 13, pp. 421 y 456). Como el caso de las Convenciones V y XIII de La Haya reguladoras del Derecho de neutralidad.

[106] Que coincide con "los primeros intentos de limitación del uso de la fuerza (...) pese a que se trataba, sobre todo, de regulaciones relativas al *ius in bello*" (GUTIÉRREZ ESPADA, C. y CERVELL HORTAL, M.ª J., *Derecho Internacional (Corazón y funciones),* Thomson Reuters, Navarra, 2022, p. 530). Y si bien, entre 1908-1909, se celebró la Conferencia de Londres y se elaboró la *Declaración de derecho marítimo de Londres,* lo cierto es que ésta no fue nunca ratificada por los Estados (VERDROSS, A., *op. cit.,* nota 13, p. 456).

[107] Véase el artículo 12 de *Rules of Air Warfare,* en "Commission of Jurists to Consider and Report Upon the Revision of the Rules of Warfare, General 1923", *American Journal of International Law,* vol. 32, núm. 1, 1938, pp. 1-56, pp. 12 y ss.

[108] Así lo refleja un texto de referencia en la materia, el *Commentary to the HPCR Manual on International Law Applicable to Air and Missile War-fare,* Program on Humanitarian Policy and Conflict Research at Harvard University, 2013, pp. 307-312, disponible en https://assets.cambridge.org/97811070/34198/frontmatter/9781107034198_frontmatter.pdf.

"tales normas, se adaptaron mal, unos años después, a las características de una guerra total como fue la Primera Guerra Mundial; la cual supuso una importante prueba para la neutralidad y también el inicio de una crisis que llega hasta nuestros días"[109].

De hecho, en relación con la Primera Guerra Mundial, si bien se apuntó que la neutralidad vivía un momento de crisis, algunos autores fueron más allá al afirmar que la neutralidad había quedado *superada*, teniendo en cuenta que los tratados de garantía que protegían a los dos Estados neutrales habían sido violados, llegándose a la conclusión de que, ante un conflicto internacional real, la neutralidad no resistía. De hecho, era común declarar que el colapso del DI había sido completo y que fue evidente en el ámbito de la neutralidad. Sin embargo, se debe subrayar cómo la ley de neutralidad, aunque ignorada desde los Estados beligerantes durante el conflicto, fue fielmente cumplida por los Estados y Gobiernos neutrales en sus jurisdicciones y a través de los medios disponibles[110] y, una vez acaba la guerra, los propios Estados y gobiernos neutrales no cesaron en tomar medidas para reforzar y mantener su *status* neutral contemplado, fundamentalmente, en la legislación penal nacional, la normativa que se emitió al iniciar la guerra y en las diversas instrucciones y orientaciones dadas a los funcionarios de los gobiernos neutrales dónde se les informaba sobre

---

[109]   NOVAK, F., *op. cit.*, nota 29, p. 97; y HERRERO DE LA FUENTE, A. A., *op. cit.*, nota 7, p. 125.

[110]   Y, al igual que ocurrió con la neutralidad, también las leyes del Derecho humanitario nunca habían sido tan señaladas por su incumplimiento por parte de los beligerantes durante el conflicto (GRAHAM, M. W., "Neutrality and the World War", *The American Journal of International Law*, vol. 27, núm. 4, 1923, pp. 704-723, p. 706.

cómo actuar[111], observándose una práctica uniforme a través de estas fuentes[112].

No obstante, los cuatro Convenios de Ginebra de 12 de agosto de 1949 recogen y regulan el derecho de neutralidad que ha sido, también, *a posteriori* desarrollado a nivel jurídico interno por los propios Estados.

---

[111] Véase, por ejemplo, *Neutrality Proclamations and Decrees, 1914-1918*, Department of State, United States.

[112] GRAHAM, M. W., *op. cit.*, nota 110, p. 706. Así, por ejemplo, las medidas adoptadas por el gobierno de los Países Bajos publicadas por su ministerio de Exteriores en 1916 se referían a medidas en tierra (para controlar el tráfico en tránsito a través del país neutral, ya sea desde un Estado neutral a uno beligerante o al contrario, o el tráfico desde un país beligerante a través de territorio neutral a territorio bajo ocupación militar; normas relativas a la apertura o cierre de fronteras, la detención e internamiento de los grupos militares que crucen la frontera y la liberación de los prisioneros que acompañen a aquellos grupos de militares); medidas relativas a la entrada de control de material bélico en jurisdicción neutral por tierra, mar o aire, el control del teléfono o telégrafo inalámbricos por tierra o por buques dentro de la jurisdicción territorial o incluso en el aire; medidas relativas a la admisión, tránsito y aterrizaje de aeronaves; medidas relativas a la neutralidad marítima (admisión de buques de guerra, su estancia y reabastecimiento de víveres y combustible, el tratamiento de los mercantes armados beligerantes o neutrales, entre otros) (*Recueil de diverses Communications du Ministère des Affaires Étrangères aux Etats-Generaux par rapport a la Neutralité des Pays-Bas et au respect du Droit de Gens*, Govérèrent of the Netherlands, La Haye, 1916); y otras medidas, de naturaleza económica (relativas a embargos o prohibiciones de importación y exportación decretadas por diversas razones pero, fundamentalmente, por necesidades nacionales, en la que se incluían la munición de guerra), político-militar (como el control de la prensa y de la información militar) y, por último, medidas adicionales de censura y vigilancia para impedir la violación de la neutralidad (*Neutrality Proclamations and Decrees, 1914-1918*, Department of State, United States).

3.2.1. La neutralidad inmoral tras la Primera Guerra Mundial

Hasta la Primera Guerra Mundial, los Estados neutrales habían sido considerados *islas de paz*[113] y las políticas de neutralidad estaban basadas en la experiencia de cada Estado, sin que existiera una práctica estatal de neutralidad homogénea que defendiera los derechos de los Estados neutrales[114].

Sin embargo, tras esta Primera Gran Guerra, la visión que existía de los conflictos cambió y el *Pacto de la Sociedad de las Naciones Unidas* de 1919[115], que no llegó a prohibir el uso de la guerra, lo limitó señalando supuestos en los que la misma se convertía en un *recurso lícito* del Estado[116] donde la neutralidad parecía difícil *a primera vista*[117], pues la Comunidad Internacional de la época no la veía con buenos ojos, entendiendo

---

[113]   VERDROSS, A., *op. cit.*, nota 13, p. 476.

[114]   Sobre las diferentes políticas estatales de neutralidad tras la Primera Guerra Mundial (Estados Unidos, Países Bajos, Suiza o Pekín, entre otros) véase: GRAHAM, M. W., *op. cit.*, nota 110, pp. 707-709.

[115]   *Pacto de la Sociedad de las Naciones*, de 28 de junio de 1919, *Gaceta de Madrid*, de 31 de julio de 1919.

[116]   Y es que, "mientras que desde el siglo XVIII la guerra era concebida como una especie de *duelo*, con ocasión del cual los neutrales desempeñaban el papel de padrinos, la Primera Guerra Mundial trajo consigo una transformación profunda en orden a esta idea, generalizándose paulatinamente la opinión de que la guerra de agresión constituye un *delito* contra la comunidad internacional, por lo que todos los Estados han de intervenir *solidariamente* en su represión" (VERDROSS, A., *op. cit.*, nota 13, p. 476). "El Pacto se ocupó, asimismo de establecer para los casos de guerra permitidos, una moratoria de guerra, es decir, la demora en su desencadenamiento por un plazo determinado; el objeto (...) dar tiempo a las partes para provocar el enfriamiento de la tensión y, simultáneamente, estimular la reflexión de los implicados sobre las consecuencias que se les venían encima" (GUTIÉRREZ ESPADA, C. y CERVELL HORTAL, M.ª J., *Derecho Internacional (Corazón y funciones), op. cit.*, nota 106, p. 530).

[117]   HERRERO DE LA FUENTE, A. A., *op. cit.*, nota 7, p. 128.

que ningún Estado podía ser neutral ante aquellas naciones dispuestas a prestar su fuerza a la sanción del derecho de gentes[118].

En concreto, la neutralidad no podía ser compatible con el artículo 11 del *Pacto de la Sociedad de Naciones*:

> "Se declara expresamente que toda guerra o amenaza de guerra, afecte directamente o no a uno de los miembros de la Sociedad, interesa a la sociedad entera y que ésta debe adoptar las medidas adecuadas para salvaguardar eficazmente la paz de las naciones (...)"[119].

En concreto, podían darse dos tipos de situaciones:

i) Guerras ilícitas, esto es, guerras o amenazas de guerra que pudieran llegar a afectar a los Estados miembros de la Sociedad de Naciones por existir una vulneración de los preceptos del Pacto, en las que los Estados miembros no podían adoptar una posición neutral ante el conflicto. Aquí, el artículo 16 solo obligaba a los Estados miembros a ser solidarios en relación con los Estados que habían sido víctimas de una agresión en cuanto a la aplicación de sanciones económicas y financieras (no

---

[118]   GRAHAM, M. W., *op. cit.*, nota 110, pp. 722 y 723.

[119]   En relación con el artículo 16.1 también del *Pacto de la Sociedad de Naciones*: "Si un miembro de la Sociedad recurre a la guerra, contrariamente a los compromisos contraídos en los artículos 12, 13 ó 15, es *ipso facto* considerado como habiendo cometido un acto de guerra contra todos los demás miembros de la Sociedad. Estos se comprometen a romper inmediatamente con él todas las relaciones comerciales o financieras, a prohibir todas las relaciones entre sus nacionales y los del Estado en ruptura del Pacto y a hacer cesar todas la comunicaciones, financieras, comerciales o personales entre los nacionales de este Estado y los de cualquier otro Estado, miembro o no de la sociedad".

militares)[120] establecidas por la Sociedad de Naciones contra el responsable de la guerra ilícita[121]. Sin embargo, aquellos Estados que no eran miembros de la organización podían declararse neutrales, aun tratándose de una guerra ilícita de acuerdo con el Pacto[122].

ii) Guerras lícitas (aquellas permitidas por el Pacto), donde sí se permitía la neutralidad.

La neutralidad llegó a ser calificada, entonces, como una *conducta inmoral*[123]. Y, si bien es cierto que en la decisión del Consejo de la Sociedad de Naciones de 13 de febrero de 1920 en la que se admitía a Suiza como Estado miembro no se ha-

---

[120] "Salvo el deber de permitir el paso de las tropas extranjeras que quisieran asociarse a las mismas". Únicamente Suiza se libró de este deber (VERDROSS, A., *op. cit.*, nota 13, p. 476).

[121] "Aunque (...) este tipo de guerras "ilícitas" tampoco cerraban del todo las puertas a la neutralidad, aún quedan las guerras "lícitas", es decir, las que podían desencadenarse sin violar ninguna de las disposiciones del Pacto. Sería ilícita una guerra iniciada como consecuencia de una controversia sobre la cual el Consejo de la Sociedad de Naciones no hubiera logrado alcanzar la unanimidad, teniendo entonces que limitarse a recomendar una solución que los Estados podían aceptar o no. Pasados tres meses, las Partes en la controversia podrían resolverlas recurriendo a la fuerza. En ese caso, la neutralidad sería legítima, en las mismas condiciones que si no existiera el Pacto. Otro tanto puede decirse, por citar un nuevo ejemplo, de las guerras entre Estados no Miembros de la Sociedad de Naciones. En este caso, los Estados Miembros podían también, legítimamente, mantenerse neutrales" (HERRERO DE LA FUENTE, A. A., *op. cit.*, nota 7, p. 128).

[122] "Con todo, la S.D.N podía invitar a los no-miembros a tomar parte en una acción colectiva, como ocurrió durante el conflicto ítalo-abisinio" (VERDROSS, A., *op. cit.*, nota 13, p. 476).

[123] Véase SERENI, A. P., *Diritto Internazionale*, vol. IV, Giuffré, Milano, 1965, p. 2099. En el mismo sentido, HERRERO DE LA FUENTE, A. A., *op. cit.*, nota 7, pp. 128 y 129.

bló de inmoralidad, sí se afirmó que dicha neutralidad era incompatible con el Pacto pero no impidió, con determinadas condiciones (dispensación de la obligación de participar en acciones militares), que la Confederación helvética se convirtiera en un Estado parte[124].

Ahora bien, lo que sí quedó claro tras la Primera Guerra Mundial es que las controversias que surgieron entre beligerantes y neutrales fueron resueltas por las Convenciones de La Haya, por lo que no hubo duda acerca de su naturaleza vinculante, independientemente de haber sido ratificadas o no por todos los Estados beligerantes.

Sin embargo, la crisis de la Sociedad de las Naciones y su posterior disolución el 20 de abril de 1946, junto a la firma del *Pacto de París* de 1928[125], condujo a que algunos Estados opta-

---

[124] Véase BERMEJO GARCÍA, R. y POZO SERRANO, P., "Heidi en Nueva York: algunos comentarios sobre la adhesión de Suiza a las Naciones Unidas", *op. cit.*, nota 32, pp. 115-129.

[125] El *Pacto de París*, también llamado Pacto Briand-Kellog, de 27 de agosto de 1928, prohibió la guerra de forma *categórica* como medio para la resolución de los conflictos internacionales. Ahora bien, "no resulta tan claro, sin embargo, que hiciera lo mismo con sus "usos menores" (GUTIÉRREZ ESPADA, C. y CERVELL HORTAL, M.ª J., *Derecho Internacional (Corazón y funciones)*, *op. cit.*, nota 106, p. 530). "Según el Pacto KELLOG, no es obligatorio auxiliar al Estado agredido, quedando, pues, al arbitrio de los Estados particulares el no participar en la guerra, o sea, permanecer neutrales. Lo que sí permite el Pacto KELLOG es que el Estado salga de su neutralidad y preste auxilio al Estado agredido, puesto que, a tenor del preámbulo, un Estado que viola el Pacto KELLOG, iniciando una guerra prohibida, pierde los derechos que el Pacto confiere, con lo que deja de estar protegido por la prohibición de la guerra, objeto del mismo. De ahí que un tercer Estado pueda prestar *ayuda militar limitada* al Estado víctima de una agresión. Pero en tal caso se expone al peligro de verse envuelto directamente en la guerra" (VERDROSS, A., *op. cit.*, nota 13, p. 476).

ran por una política de aislamiento, como fue el caso de los Estados Unidos (que adoptó tres leyes de neutralidad en agosto de 1935, febrero de 1936 y mayo de 1937). Más tarde, la Segunda Guerra Mundial dio lugar a los Estados no-beligerantes (*vid. supra* apdo. II. 2) que, si bien no quisieron participar en la misma "no renunciaban por lo demás a apoyar diplomática y económicamente a una de las partes beligerantes"[126], como fue el caso ya visto de España o Italia.

Sin embargo, la firma de la *Carta de la Organización de las Naciones Unidas* (1945) y el establecimiento, por un lado, de la prohibición de la amenaza y el uso de la fuerza[127] y, por otro

---

[126] VERDROSS, A., *op. cit.*, nota 13, p. 477.

[127] El artículo 2.4 de la Carta señala: "Los Miembros de la Organización, en sus relaciones internacionales, se abstendrán de recurrir a la amenaza o al uso de la fuerza contra la integridad territorial o la independencia política de cualquier Estado, o en cualquier otra forma incompatible con los Propósitos de las Naciones Unidas". Durante la Conferencia de San Francisco, la delegación de Francia propuso añadir al párrafo 5º de este artículo "sin que un Estado pueda sustraerse a ello invocando su estatuto de neutralidad" pero dicha propuesta no fue aceptada entendiéndose innecesaria a la luz de la letra y el espíritu de la Carta. Como ha señalado Dietrich SHINDLER, independientemente del "espíritu de San Francisco", la neutralidad podía ser adoptada, al menos, en tres situaciones: (i) en los conflictos en los que el Consejo de Seguridad no obtenía la mayoría necesaria para la adopción de una decisión, esto es, el voto a favor [hoy incluiríamos también la abstención] de los cinco Estados miembros permanentes; (ii) cuando estamos ante una recomendación de medidas colectivas, bien de la Asamblea General, bien del Consejo de Seguridad; y (iii) cuando el Consejo de Seguridad, a pesar de haber adoptado una decisión en el marco del artículo 39 de la Carta, permite que uno o varios Estado miembros no apliquen las medidas ("Aspects contemporains de la neutralité", *Recueil des Cours de l'Académie de Droit International*, vol. 121, 1967-II, p. 248). Véase también HERRERO DE LA FUENTE, A. A., *op. cit.*, nota 7, p. 145 y Héctor GROS ESPIELL que realiza un análisis de las razones

lado, del sistema de seguridad colectiva (Capítulo VII de la
Carta), de la exigencia a los Estados miembros de una intervención en caso de agresión a un miembro de la ONU y de la
obligación de los Estados miembros de cumplir con las resolu-
ciones del Consejo de Seguridad (art. 25), no solo prohibió de
forma absoluta el uso de la fuerza sino que estableció la obligación de solidaridad del resto de Estados miembros, surgiendo
de nuevo la idea de la incompatibilidad de la institución de la
neutralidad con el régimen contenido en la *Carta de las Naciones Unidas*[128].

---

expuestas y apunta la falta de fundamento jurídico suficiente de las
mismas (*op. cit.*, nota 42, pp. 20 y ss.).

[128] "La neutralidad constituía un atentado contra la solidaridad internacional y, en último extremo, podía suponer un incumplimiento
de los deberes de un Estado como miembro de la Organización"
(NOVAK, F., *op. cit.*, nota 29, p. 100). En este mismo sentido lo señaló Eduardo JIMÉNEZ DE ARÉCHAGA: "al desaparecer el derecho
ilimitado de guerra, tiene que desaparecer consiguientemente la
concepción clásica de neutralidad, que es su corolario; si la agresión
y la guerra configuran un delito, los demás Estados no pueden ya
legítimamente asumir una posición de neutralidad en cada conflicto, tal como en la esfera interna no se concibe una postura neutral
entre el delincuente y la autoridad. No tiene sentido ni cabe admitir
una institución que, al decir de Politis, como el sol y la lluvia de las
Escrituras, cae igualmente sobre buenos y malos. Por esto, la seguridad colectiva ha sido definida como aquel sistema en el que los
miembros han renunciado mutuamente a la neutralidad" (*Derecho
Constitucional de las Naciones Unidas*, Escuela de Funcionarios Internacionales, vol. 1, 1958, p. 55). En el mismo sentido, HERRERO DE
LA FUENTE, A. A., *op. cit.*, nota 7, p. 129.

3.2.2. La neutralidad tras la *Carta de las Naciones Unidas* de 1945

El sistema de seguridad colectiva establecido por la *Carta de las Naciones Unidas* no obtuvo los resultados esperados[129] y sus fisuras permitieron la mutación de aquella neutralidad clásica a una nueva neutralidad que, adoptando nuevas modalidades[130], le han permitido subsistir como institución hasta la actualidad (*vid. infra* Capítulo 1, apdo. 3).

> "Mientras existió el convencimiento de que las Naciones Unidas podían asegurar la paz y de que era posible una política común por parte de las grandes potencias, pareció que la neutralidad no podía desempeñar ya ningún papel. Pero las cosas cambiaron cuando se hizo manifiesto el fracaso de las Naciones Unidas por la inutilidad de su Consejo de Seguridad"[131].

Fabián NOVAK ha señalado cómo las características de la Segunda Guerra Mundial, especialmente entendida como un tipo de *guerra total*[132], se constituyeron como posibles causas de la crisis que la neutralidad experimentó.

---

[129] GUTIÉRREZ ESPADA, C. y CERVELL HORTAL, M.ª J., *Derecho Internacional (Corazón y funciones)*, *op. cit.*, nota 106, pp. 537 y ss.

[130] Una de estas modalidades fue el *neutralismo*: la postura neutral que diversos Estados adoptaron frente a Este y Oeste, confundiendo así la definición de lo que hasta el momento se había entendido por neutral (*vid. supra* Capítulo 1, apdo. II. 4).

[131] "A ello se añadió el hecho de que las grandes decisiones políticas se trasladaron cada vez más desde el ámbito de las Naciones Unidas al de las conferencias especiales, por ejemplo, la Conferencia de Ginebra del año 1954" (TONCIC-SORINJ, L., *op. cit.*, nota 12, p. 79).

[132] Se entendía por "guerras totales" aquellas submarinas, aéreas, económicas, con armas de destrucción masiva que se darían fundamentalmente a partir de la Segunda Guerra Mundial (HERRERO DE LA FUENTE, A. A., *op. cit.*, nota 7, p. 122).

–   En primer lugar, las normas de La Haya de 1907 estaban previstas para conflictos limitados a las partes combatientes sin tener en cuenta a la población.

–   En segundo lugar, los Estados beligerantes no eran muchos, por lo que los Estados neutrales "constituían un conjunto suficientemente fuerte y poderoso como para obligar a los beligerantes a respetar su neutralidad". Sin embargo, no solo en relación con la primera sino también en relación con la Segunda Guerra Mundial, en el conflicto estaban involucrados casi la gran mayoría de Estados.

–   En tercer lugar, junto a la guerra terrestre, aparecieron nuevos espacios donde llevarla a cabo (mar y aire) y nuevas armas, lo que dificultó la aplicación de las normas relativas a la neutralidad[133].

–   En cuarto lugar, la finalidad de las guerras modernas ya no era la *derrota militar* sino la *destrucción total* del enemigo, lo que implicaba la erosión entre la categoría de combatiente y no combatiente y la aparición del concepto de guerra económica: se trataba de aislar económicamente al enemigo y, como consecuencia, presionar a los Estados neutrales para que evitaran llevar a cabo cualquier acto comercial que pudiera, directa o indirectamente, beneficiar al enemigo con la finalidad de *aislarlo económicamente,* produciéndose un conflicto con la norma clásica de la neutralidad: "la libertad de comercio de los que permanecían neutrales con los beligerantes".

---

[133]   De hecho, al inicio de la Primera Guerra Mundial, cuarenta Estados se habían declarado neutrales, pero sólo seis lo eran al finalizar la misma (SCHINDLER, D., "Aspects contemporains de la neutralité", *op. cit.*, nota 127, p. 236).

– En quinto lugar, la tendencia de los beligerantes a realizar bloques y la *guerra submarina ilimitada* que Alemania llevó a cabo, hizo que muchos neutrales abandonaran ese estatus, teniendo en cuenta la dificultad que les suponía.

– Por último, la ideología, exigiendo a los Estados neutrales que adoptaran la *neutralidad absoluta* o se acogieran a la "causa justa" de la guerra (concepto, el de la causa justa, incompatible con la neutralidad)[134].

Así, considerada *una reliquia del pasado*[135], la neutralidad está prohibida por la *Carta de las Naciones Unidas,* pero subsiste hoy en día debido a la evolución de las fisuras surgidas en el sistema de seguridad colectiva establecido en la propia Carta. Y, en este sentido, Charles CHAUMONT, durante los Cursos de La Haya de 1959, ya señaló que la neutralidad tenía cabida en el sistema de seguridad colectiva, pero

"de los dos elementos de la neutralidad clásica, abstención e imparcialidad, puede subsistir el primero disociado del último, lo que supondría privar de su rigidez al contenido de la neutralidad"[136].

---

[134]   NOVAK, F., *op. cit.,* nota 29, pp. 97-99.

[135]   Tengamos en cuenta que el uso de la fuerza hoy ya no es indiscriminado y no hay libertad para hacer la guerra (*ius ad bellum*) (SCHINDLER, D., "State of War, Belligerency, Armed Conflict", *op. cit.,* nota 95, p. 19).

[136]   Además, añade el profesor Charles CHAUMONT "que la universalización del sistema de seguridad colectiva no responde plenamente a la realidad, que ninguna de las dos guerras llamadas mundiales lo fueron de una manera absoluta, y en el más amplio conflicto cabe la existencia de zonas de tensión y zonas de détente. Existen, además, pactos regionales que son sistemas de seguridad colectiva parcial, que permiten un margen de abstención a los Estados ajenos a ellos. Por otra parte, el principio de buena fe [art. 2.2° Carta] impone obligaciones tanto al Estado neutral como a la Organización cuyos

Y así ha sido. Privada de su rigidez, los Estados han ido desarrollando la práctica y adoptando diversas modalidades con un elemento común: la no participación directa en las hostilidades (la abstención) o la no-beligerancia[137].

En la actualidad, junto a las diferentes modalidades de la neutralidad y la no-beligerancia, la doctrina ha venido señalando la aparición en las últimas décadas de una nueva modalidad de la neutralidad que implementan los Estados en sus políticas de neutralidad actuales y que se ha denominado *neutralidad diferencial*.

> "La neutralidad diferencial es aquella que permite la afiliación a organizaciones internacionales y la aplicación de sanciones económicas si éstas son generalmente aceptadas por la comunidad internacional. Por el contrario, no se aplican sanciones militares y se mantiene el objetivo de ser imparcial frente a cualquier poder"[138].

órganos pueden incurrir en una desviación de poder. Entre estos límites trazados por la buena fe y la desviación de poder, la neutralidad puede subsistir dentro de un sistema de seguridad colectiva ("Nations Unies et neutralité", *Recueil des Cours de l'Académie de Droit International*, vol. 89, 1956-I, pp. 5-60, p. 59).

[137] En cuanto a la imparcialidad, "no sería moralmente admisible en el seno de una sociedad de naciones unidas con el objetivo de mantener la paz" (HERRERO DE LA FUENTE, A. A., *op. cit.*, nota 7, p. 134).

[138] La neutralidad diferencial suele ir unida a la neutralidad activa: "En la neutralidad activa, el Estado neutral reconoce su responsabilidad en relación con la paz y la colaboración internacional como "un tercero digno de confianza", expresando su descontento ante una violación clara del Derecho internacional (STOLZ, M., *op. cit.*, nota 46, pp. 487 y 488).

4. ¿QUÉ FUNCIONES CUMPLE EL PRINCIPIO DE NEUTRALIDAD?

La principal función de un Estado que se declara neutral o adopta alguna de las modalidades de la neutralidad es la protección de su propia soberanía (territorial) y el mantenimiento y contribución a la paz y a la seguridad internacionales a través de relaciones pacíficas y amistosas con el resto de Estados[139].

Para ello, se han establecido una serie de deberes que ayudan a su contribución: (i) compromiso y ayuda e intervención humanitaria, sobre todo en lo que respecta a la coordinación de la misma durante situaciones de emergencia; (ii) esfuerzos para fortalecer el DI; y (iii) compromiso con las medidas de fomento de la confianza, la prevención y la resolución de conflictos, especialmente los buenos oficios (como un tercero en la resolución de conflictos -heterosolución-)[140]. En este úl-

---

[139]   "Mediante la neutralidad se pretende contribuir a la paz mundial" (BORRÁS RODRÍGUEZ, A., *op. cit.*, nota 19, p. 314). "La neutralidad permanente es también la base del papel especial de Suiza en la comunidad de Estados. Dado que la neutralidad permanente conlleva ventajas, Suiza siempre ha considerado su condición de neutral como un deber de hacer una contribución especial a la paz y la seguridad en el mundo" (DAHINDEN, M., "Schweizer Neutralität im Zeitalter der cyberkriegsführung", *op. cit.*, nota 49, p. 5). En este sentido, es interesante cómo, en los debates de la votación en relación con el referéndum acerca de la adhesión de Suiza a la ONU, Victor-Yves GHEBALI pone de manifiesto como lo importante no era tanto ser parte de la ONU con sus aciertos y sus fallos como el hecho de la configuración de la neutralidad helvética, abierta o cerrada; esto es, si se optaba por una "neutralidad-fortaleza", base de una política exterior de aislacionamiento, o por una neutralidad humanista y solidaria ("La Suisse à l'ONU: dits et non-dits", *Tribune de Genève*, 26 de enero de 2002).

[140]   En relación con la intervención humanitaria, es obligatorio traer a colación el *profundo desfase* entre la neutralidad y la sociedad en la

timo sentido, la neutralidad está relacionada con la diplomacia preventiva y los métodos de resolución de conflictos, pues no olvidemos que el principio de neutralidad se aplica tanto en tiempos de paz como de conflicto. De hecho, la neutralidad permanente todavía se considera una herramienta para disminuir los efectos del conflicto[141] e, incluso, para encontrarle una

---

que se aplica cuando ante "violaciones graves, masivas y sistemáticas de derechos humanos" cometidas por ciertos Estados, la neutralidad impide encontrar soluciones para poder ser compaginada con respuestas adecuadas a este tipo de *actitudes intolerables*. "Es obvio que, en este caso, la neutralidad parece ir por un camino opuesto a la intervención humanitaria" (BERMEJO GARCÍA, R. y POZO SERRANO, P., "Heidi en Nueva York: algunos comentarios sobre la adhesión de Suiza a las Naciones Unidas", *op. cit.*, nota 32, p. 116. Véase también AMANA, A. R., "Neutrality of a State in Armed Conflict", *Cavendish University Law Journal*, vol. 1, August 2022, pp. 25-42). En relación con los ciberconflictos, como se verá, los Estados neutrales deberán mantener posiciones privilegiadas para llevar a cabo propuestas en la limitación de los riesgos de conflicto en el ciberespacio (DAHINDEN, M., "Schweizer Neutralität im Zeitalter der cyberkriegsführung", *op. cit.*, nota 49, p. 6.) y lo mismo ocurre con la ayuda humanitaria, que "merece la pena examinar nuevos tipos de ayuda, como las capacidades de rescate cibernético".

[141] "Las normas y principios del derecho de la neutralidad tienen por objeto prevenir la escalada de un conflicto armado internacional en curso" (VON HEINEGG, W. H., "Neutrality in Cyberspace", *op. cit.*, nota 2, p. 37). En el mismo sentido, Evelyne SCHMID: Los Estados tienen dos opciones: permanecer neutrales o participar en el conflicto. "La idea detrás de esta elección binaria es limitar el atractivo para terceros Estados de involucrarse en el conflicto armado, limitando la neutralidad a extender el conflicto geográficamente" ("Optional but not qualified: Neutrality, The UN Charter and humanitarian objectives", *International Review of the Red Cross*, 2024, pp. 1-21, p. 4, disponible en https://www.cambridge.org/core/services/aop-cambridge-core/content/view/5E719DC6E9918582A04E10B2F0C7DE5C/S1816383124000183a.pdf/optional-but-not-qualified-neutrality-the-un-charter-and-humanitarian-objectives.pdf).

solución y ponerle fin[142].

En segundo lugar, la neutralidad protege los intereses de los propios Estados neutrales y de los Estados beligerantes. El principio de neutralidad regula y protege las relaciones entre los Estados beligerantes y los Estados neutrales, previniendo la participación de éstos en conflictos armados y manteniendo relaciones de amistad con los beligerantes e, incluso, comerciales[143]. En este sentido, el principio de neutralidad otorga seguridad tanto a neutrales como beligerantes en el marco de un conflicto armado internacional pues, por un lado, prohíbe

---

[142] RONZITTI, "Neutrality, non-belligerency, and permanent neutrality according to recent practice and doctrinal views", *op. cit.*, nota 7, p. 69. Si tomamos como ejemplo el conflicto entre Rusia y Ucrania, al comienzo del conflicto, incluso para Ucrania se consideraba que un estatus de neutralidad permanente era la principal herramienta para un futuro tratado de paz con Rusia. Una de las demandas de Rusia, de hecho, era que Ucrania aceptara ser neutral de forma permanente ("Ukraine conflict: Putin lays out his demands in Turkish phone call", *BBC*, 17 de marzo de 2022, disponible en https://www.bbc.com/news/world-europe-60785754) e, incluso, el presidente ucraniano ZELINSKY insinuó dicha posibilidad si se equilibraba con el establecimiento de garantías de seguridad y venía apoyada en un referéndum. Así se señaló, en la "Opción 1" de la *Iniciativa de Acuerdo de Paz en Ucrania* de la Universidad de Cambridge en colaboración con el *Proyecto de Negociación de Harvard y Opinio Juris*, que recogía cuatro opciones que abordaban los diversos problemas a los que se podrían enfrentar las partes (Rusia-Ucrania) o los mediadores en una propuesta de acuerdo de paz: La posible neutralidad ucraniana (WELLER, M., *op. cit.*, nota 12).

[143] "En este sentido, el derecho de la neutralidad tiene varios fundamentos subyacentes: proteger a los Estados neutrales de los efectos perjudiciales de los conflictos armados; proteger a los Estados beligerantes de las acciones de los Estados neutrales que beneficiarían a sus adversarios; y disuadir a los Estados de participar en conflictos armados, evitando así una mayor escalada" (NEUMAN, N., *op. cit.*, nota 5, pp. 767 y 768).

a los Estados beligerantes que afecten de forma negativa al Estado neutral y pueda arrastrarlo al conflicto, bien sin voluntad de participar en el mismo, bien sin conocimiento de su participación; y, por otro lado, prohíbe a los neutrales que traten con desigualdad a los beligerantes, ya sea mediante acción ya sea mediante omisión[144].

Y, en tercer lugar, el Estado que ejerce el derecho de neutralidad está protegiendo a sus nacionales de los efectos dañinos que puedan derivarse del conflicto entre los Estados beligerantes.

No se puede, por lo tanto, dudar de las distintas finalidades del ejercicio del derecho de neutralidad por los Estados neutrales y de su respeto por los beligerantes y, si bien es cierto que la neutralidad no ha sido una norma modelo en su elaboración, ésta se ha ido adaptando a la realidad del momento y se ha formulado siempre teniendo en cuenta las características específicas de los distintos dominios en los que podía ejercerse por los Estados (tierra, mar, aire)[145] para poder dar cumplimiento a su finalidad. Es tiempo ahora de un nuevo binomio: la neutralidad y el ciberdominio.

---

[144] TALBOT JENSEN, E., "Sovereignty and Neutrality in Cyber Conflict", *Fordham International Law Journal*, vol. 35, núm. 3, 2012, pp. 815-841, p. 820.

[145] CHADWICK, E., "Neutrality Revisited", in LIIVOJA R. and Mc CORMACK T. (eds.), *Routledge Handbook of the Law of Armed Conflict*, Routledge, London, 2016, pp. 455-473, p. 459.

Capítulo 2.
Ciberespacio, soberanía y neutralidad

1. UN NUEVO BINOMIO: DERECHO INTERNACIONAL Y CIBERESPACIO

El ciberespacio se ha convertido en el *quinto dominio* junto a la tierra, el mar, el aire y el espacio ultraterrestre[146] (el "sexto

---

[146] VON HEINEGG, W. H., "Territorial Sovereignty and Neutrality in Cyberspace", *International Law Studies*, vol. 89, 2013, pp. 123-156, p. 123; NEUMAN, N., *op. cit.*, nota 5, p. 774; y CHAUVIN, J. M., "NATO Cyber Defence Policy: An adaptation to the emerging threats of the 21st century, or the resurgence of Cold War logic in the "fifth battlefield"?", *Aberystwyth University*, 2014, pp. 1-85, p. 17, disponible en https://www.academia.edu/10259297/NATO_Cyber_Defence_Policy_An_adaptation_to_the_emerging_threats_of_the_21st_century_or_the_resurgence_of_Cold_War_logic_in_the_fifth_battlefield_. También "el espacio digital aparece como el quinto escenario bélico, junto al mar, tierra, aire y el espacio exterior, y resulta, por tanto, parte indispensable de cualquier planificación estratégica" (WEGNER, H., *op. cit.*, nota 9, p. 144). Así lo señaló también la Estrategia de Ciberdefensa de los Países Bajos de 2012, revisada en 2015 y en 2018, señalando al ciberespacio como "el quinto elemento para las operaciones militares" (KASKA, K., "National Cyber Security Organisation: The Netherlands", *NATO Cooperative Centre of Excellence*, Tallinn, 2015, pp. 1-14, p. 9, disponible en https://ccdcoe.org/library/publications/national-cyber-security-organisation-the-netherlandskadri-kaskaactive-passive-cyber-defence-law-national-frameworks-policy-strategy-the-netherlands/) y la Estrategia de Seguridad Nacional de Reino Unido de 2010 y, especialmente, la edición de 2016: *Cyberspace is a complex and dynamic environment, interdependent with the electromagnetic spectrum, and is key to all military operations on land, sea, and in air and space* (Cyber Primer. Ministry

elemento" si consideramos los espacios polares[147]) y, si bien no
se ha alcanzado aún un consenso en cuanto a su concepto, el
Manual de Tallín 2.0[148] lo ha definido como "el entorno forma-

---

of Defense (Development, concepts and doctrine center. Second
edition), July 2016, pp. 1-100, p. 4, disponible en https://assets.
publishing.service.gov.uk/government/uploads/system/uploads/
attachment_data/file/549291/20160720-Cyber_Primer_ed_2_se-
cured.pdf).

[147] GUTIÉRREZ ESPADA, C., *La responsabilidad internacional por el uso de
la fuerza en el ciberespacio*, Thomson Reuters Aranzadi, Navarra, 2021,
p. 15.

[148] El *Manual de Tallín* es un documento redactado por el Grupo de Expertos Internacionales (en adelante, GEI) del Centro de Excelencia
en Defensa Cibernética Cooperativa de la Organización del Tratado
del Atlántico Norte (en adelante, OTAN), que proporciona orientaciones de DI sobre el uso de la tecnología en los conflictos cibernéticos, más concretamente, en relación con el *ius ad bellum* y el *ius in
bello*. La primera edición de 2013 contenía 95 reglas que fueron revi-
sadas y actualizadas en una segunda edición en 2017 con 154 reglas.
Es considerado el resumen más autorizado de *lex data* applicable a
la guerra en el ciberespacio (BEATLY, G., "War crimes in cyberspace: prosecuting disruptive cyber operations under Article 8 on the
Rome Statute", *The Military Law and the Law of War Review*, vol. 58,
núm. 2, 2020, pp. 209-239, p. 212). El *Manual de Tallín*, por lo tanto,
refleja el DI consuetudinario. Sin embargo, su autoridad no debe
ser exagerada. Si bien se ha convertido en un texto influyente sobre
el DI y el ciberespacio, no es un instrumento vinculante sino una
expresión de las opiniones de sus expertos en cuanto al estado de
la ley en un momento dado (CHIRCOP, L., "Territorial Sovereignty
in Cyberspace after *Tallinn Manual 2.0*", *Melbourne Journal of International Law*, vol. 20, núm. 2, 2019, pp. 1-29, p. 4). En este sentido, la
profesora María José CERVELL señala que "el Manual de Tallín podría, en definitiva, ser el germen de determinadas normas que, de
aceptarse como tal expresamente por los Estados (*opinio iuris*), serían susceptibles de adquirir esa naturaleza vinculante a través de su
consolidación como costumbres internacionales ("¿Un *soft law* para
el ciberespacio? (De las normas no vinculantes y otras iniciativas)",
en CERVELL HORTAL, Mª. J. y PIERNAS LÓPEZ, J. J., *Hacia una*

do por componentes físicos y no físicos para almacenar, modificar e intercambiar datos usando redes informáticas"[149]. Las fuerzas militares españolas, por su parte, lo han definido como

"el ámbito artificial compuesto por infraestructuras, redes, sistemas de información y telecomunicaciones y otros sistemas electrónicos, por su interacción a través de las líneas de co-

---

regulación internacional para el ciberespacio, Aranzadi, Navarra, 2023, pp. 123- 158, pp. 130 y 131). En palabras de uno de sus redactores, Michael N. SCHMITT, el *Manual de Tallín 2.0* "es la culminación de siete años patrocinado por el Centro de Excelencia de Ciberdefensa Cooperativa de la OTAN, en la que se estudió cómo se aplica el Derecho internacional en el ciberespacio. El *Manual de Tallín 2.0* identifica decenas de cuestiones sobre las que las opiniones de los expertos del equipo divergían o carecían de consenso universal. Estos desacuerdos delimitan gran parte del paisaje de las zonas grises" ("Grey Zones in the International Law of Cyberspace", *Yale Journal of International Law Online,* vol. 42, núm. 2, 2017, pp. 1-21, p. 3). Y, "aunque las reglas de Tallín hayan sido criticadas por no avanzar lo suficiente en la limitación de la habilidad para conducir ciberoperaciones en el ciberespacio, estamos viendo algunos Estados protestando por lo opuesto, esto es, que [esas reglas] se deberían limitar aún más, y otras van incluso más allá" (EFRONY, D. and SHANY, Y., "A Rule Book on the Shelf? Tallinn Manual 2.0 on Cyber Operations and Subsequent State Practice", *Hebrew University of Jerusalem Legal Studies Research Paper Series,* núm. 18-22, The Hebrew University of Jerusalem Faculty of Law, 2018, pp. 583-657, p. 583, disponible en https://papers.ssrn.com/sol3/papers.cfm?abstract_id=3172743). En realidad "es probable que estas discrepancias entre Estados sobre el *Manual de Tallin 2.0* no sean sino un reflejo de las discrepancias más generales que aquellos tienen sobre la aplicación del Derecho internacional a las acciones de los Estados en el ciberespacio, donde las diferencias no son tanto jurídicas como estratégicas, políticas o ideológicas" (DE SALAS CLAVER, J., "De la flecha al ratón. Consideraciones jurídicas de las operaciones en el ciberespacio", *Cuadernos de Estrategia,* núm. 201, 2019, pp. 133-176, pp. 145-146).

[149]   SCHMITT, M. N., *Tallinn Manual 2.0 on the International Law applicable to Cyber Operations,* Cambridge University Press, Cambridge, 2017, p. 564.

municación sobre las que se propaga y el espectro electro-
magnético, así como por la información que es almacenada o
transmitida a través de ellos. Es transversal a los demás ámbitos
y no está sujeto a un determinado espacio geográfico. Le caracteriza su extensión, el anonimato y la inmediatez y su fácil
acceso. Finalmente, su carácter artificial y su rápida evolución
generan continuas vulnerabilidades y oportunidades"[150].

---

[150] *Doctrina para el empleo de las fuerzas armadas,* Estado Mayor de la Defensa. Publicación Conjunta PDC-01(A), Ministerio de Defensa,
Madrid, 2018, p. 81. Definición que tuvo su origen en la primera
definición del ciberespacio en el ordenamiento jurídico español
recogida en la *Orden Ministerial 10/2013, de 19 de febrero, por la que
se crea el Mando Conjunto de Ciberdefensa de las Fuerzas Armadas* (*BOE,*
de 26 de febrero de 2013): "dominio global y dinámico compuesto
por infraestructuras de tecnología de la información -incluyendo
Internet-, redes de telecomunicaciones y sistemas de información".
Por su parte, las fuerzas armadas norteamericanas lo han definido
como "un ámbito global dentro del entorno de la información consistente en redes interdependientes de infraestructuras de tecnologías de la información y datos residentes, incluyendo Internet,
redes de telecomunicaciones, sistemas informáticos y controladores
y procesadores empotrados" (*Join Publication 3-12: Cyberspace Operations,* US Joint Chiefs of Staff, 2018, p. GL 4). Por su parte, Joseph
NYE JR. entiende el ciberespacio "como un régimen híbrido único,
hecho por el hombre, de características físicas y virtuales, confor-
mado por los recursos tecnológicos electrónicamente interconecta-
dos de la informática" (*Cyber power,* Bedfer Center for Science and
International Affairs, Cambridge, 2010, pp. 1-30, p. 3, disponible en
https://www.belfercenter.org/sites/default/files/pantheon_files/
files/publication/cyber-power.pdf); y también Daniel T. KUEHL: "a
global domain within the information environment whose distinc-
tive and unique character is framed by the use of electronics and
the electromagnetic spectrum to create, store, modify, exchange
and exploit information via interdependent an interconnected networks using information – communication technologies" ("From
cyberspace to cyberpower: defining the problem", in KRAMER, F.
D., STARR, S. H. and WENTZ, L. K., *Cyberpower and National Security,*
Center for technology and National security police, National Defense University, Washington D. C., University of Nebraska Press, 2009,

Ante la falta de una definición oficial, la doctrina se ha centrado, por un lado, en *las capas* que conforman el ciberespacio:

"En términos generales, el ciberespacio está formado por cuatro capas interdependientes: (i) la capa física o *hardware*, (ii) la capa lógica o *software*, (iii) la capa de contenidos, consistente en la información captada, almacenada y procesada, y (iv) la capa personal, consistente en las personas físicas o jurídicas que actúan en el ciberespacio. Y es contra esas capas o desde esas capas (incluso, fuera de ellas) desde dónde se pueden realizar y recibir ataques ciberespaciales[151].

---

pp. 28-29, https://ndupress.ndu.edu/Portals/68/Documents/Books/CTBSP-Exports/Cyberpower/Cyberpower-I-Chap-02.pdf?ver=2017-06-16-115052-210). Otras definiciones del ciberespacio podemos encontrarlas en: GUTIÉRREZ ESPADA, C., *La responsabilidad internacional por el uso de la fuerza en el ciberespacio, op. cit.,* nota 147, pp. 16 y 17; RABOIN, B., "Corresponding evolution: international law and the emergence of cyber warfare", *Journal of the National Association of Administrative Law Judiciary,* vol. 31, núm. 2, 2011, pp. 601-668, p. 604, https://digitalcommons.pepperdine.edu/cgi/viewcontent.cgi?referer=&httpsredir=1&article=1013&context=naalj; y LÓPEZ DE TURISO Y SÁNCHEZ, J., "La evolución del conflicto hacia un nuevo escenario bélico", en *El ciberespacio. Nuevo escenario de confrontación,* Ministerio de Defensa, 2012, pp. 117-166, p. 139, https://publicaciones.defensa.gob.es/media/downloadable/files/links/m/o/monografia_126.pdf.

[151] CORN, G., "Cyber National Security: Navigating Frey Zones Challenges In and Through Cyberspace", in WILLIAMS, W. S. and FORD, C. M. (eds.), *Complex Battlespaces: The Law of Armed Conflict and the Dynamics of Modern Warfare,* Oxford Academy, 2018, USA, pp. 345-428, pp. 353-356, disponible en https://papers.ssrn.com/sol3/papers.cfm?abstract_id=3089071. Y es que el ciberespacio no tiene fronteras, alcanza todos los niveles o capas establecidas y es transversal afectando tanto a sus estructuras físicas como a sus usuarios hasta el punto de que se ha ido "dando lugar a una serie de posibles acciones que permiten la influencia directa del mundo digital en el mundo físico o real, no solamente en los dispositivos técnicos, sino también en la vida personal de los individuos" (OCÓN A. L. y GASTALDI, S., *op. cit.,* nota 4, p. 93).

Y, por otro lado, se ha centrado también en *los elementos comunes* que comparten la mayoría de las definiciones sobre el ciberespacio: (i) un entorno de información; (ii) de naturaleza virtual y no física que incluye componentes físicos y no físicos; (iii) donde los datos se intercambian a través de redes de información; (iv) que puede ser caracterizado de intangibilidad; (v) posee capacidad de supervisión y de aplicación de la ley de forma limitada; y (vi) sigue un modelo de gobernanza descentralizado[152].

---

[152] El ciberespacio (i) es intangible pero sus actividades (transmisión de datos) se llevan a cabo a través de estructuras físicas en territorios soberanos (servidores y proveedores de servicios). Así, la actividad del ciberespacio no se ve afectado por las fronteras territoriales; (ii) tiene limitadas capacidades de supervisión y ejecución, donde no sólo los Estados son los únicos con cierto poder sino que también las entidades privadas suelen ser las propietarias (y gestoras) de las ciberinfraestructuras dependiendo, en ocasiones, los Estados de éstas; y (iii) su modelo de gobernanza es descentralizado y en él participan diversas entidades (Estados, organizaciones, organismos y entidades privadas) en la elaboración de estándares, protocolos y normas, sin que ninguna de ellas pueda ejercer un control total sobre el ciberespacio, si bien algunos Estados (China y Rusia) han intentado ampliar el mandato de la Unión Internacional de Telecomunicaciones para aumentar sus competencias en la gobernanza de Internet (NEUMAN, N., *op. cit.*, nota 5, pp. 774-779). Así, "en el plano virtual las fronteras de los Estados son atravesadas por flujos de información; en el plano físico, por infraestructuras tales como los cables submarinos y las redes de fibra óptica que dan soporte a internet, la principal tecnología de la información de nuestra era. Nuevos centros y periferias aparecen en el marco de la convergencia digital del siglo XXI, entendiendo por esta la multiplicidad de los ámbitos atravesados y sostenidos por plataformas de información que convergen en tiempo real y sin fronteras en el ciberespacio, como el comercio y finanzas internacionales, las redes sociales y el gobierno electrónico" (OCÓN, A. L. y GASTALDI, S., *op. cit.*, nota 4, p. 93). En el mismo sentido, VON HEINEGG, W. H., "Territorial Sovereignty and Neutrality in Cyberspace", *op. cit.*, nota 146, pp. 125 y 126. Sobre la gobernanza, véase también CORDEY,

Ante el nuevo dominio, y para preservar su soberanía, los Estados se han visto obligados a introducir nuevas políticas para obtener un mayor grado de autonomía que garantice su defensa frente a los desafíos, riesgos y nuevas amenazas que supone el ciberespacio. Ha surgido así la necesidad de resolver un dilema que se mueve entre dos dimensiones: "la visión de la utopía digital anclada en la libre circulación de la información en sociedades cada vez más conectadas" y el aumento de la dificultad en cuanto a la seguridad y la defensa de los Estados[153]. En efecto, el ciberespacio se ha convertido en un elemento o dimensión más para el desarrollo de los conflictos[154]: las denominadas *guerras híbridas*, en las que los ataques cibernéticos se producen de forma clandestina, paralela, combinada o alterna a la acción cinética militar[155]. En esta nueva ciberdimensión,

---

S. and KOHLER, K.: "*The Law of Neutrality in Cyberspace. Cyberdefense Report*, Center for Security Studies, ETH Zürich, Zürich, December 2021, p. 58.

[153] Así, la información se ha convertido en una estrategia y su uso en un factor de poder que puede llegar a afectar las relaciones internacionales, convirtiéndose en un medio para el logro de los intereses nacionales o bien en un recurso para la paz o la guerra (OCÓN, A. L. y GASTALDI, S., *op. cit.*, nota 4, p. 93).

[154] "El ciberespacio se ha constituido en el elemento fundamental para muchas de las acciones que sustentan la guerra híbrida por las dificultades para detectar, trazar y atribuir los ataques a un actor concreto" ("Expertos reclaman una acción coordinada para combatir las amenazas híbridas en el ciberespacio", *Diario La ley*, 1 de diciembre de 2021). Si bien "la inmensa mayoría de las actividades cibernéticas malintencionadas han tenido lugar muy por debajo del umbral de un conflicto armado entre Estados, y no han alcanzado el nivel que desencadenaría tal conflicto" (TALBOT JENSEN, E., "The Tallinn Manual 2.0: highlights and insights", *Georgetown Journal of International Law*, vol. 48, núm. 3, 2017, pp. 735-778, p. 736).

[155] ROBLES CARRILLO, M., "El ciberespacio: presupuestos para su ordenación jurídico-internacional", *Revista Chilena de Derecho y Ciencia Política*, vol. 7, núm. 1, 2016, pp. 1-43, pp. 26-30. Enrique CUBEIRO,

ex Jefe del Estado Mayor del Mando Conjunto de Ciberdefensa en España, define la guerra híbrida como "el empleo coordinado y sincronizado de todas las capacidades de un Estado -económicas, militares, de información, diplomáticas, etc.- para combatir y erosionar a un oponente sin rebasar jamás el umbral que pueda desencadenar el derecho de respuesta en legítima defensa e, incluso, imposibilitando cualquier tipo de respuesta" ("El ciberespacio en la guerra de Ucrania", Documento de Opinión, *Revista del Instituto Español de Estudios Estratégicos*, núm. 32/2022, pp. 1-14, p. 3, https://www.ieee.es/Galerias/fichero/docs_opinion/2022/DIEEEO32_2022_EN-RCUB_Ucrania.pdf). La guerra híbrida también ha sido definida como "el uso sincronizado de múltiples instrumentos de poder adaptados a vulnerabilidades específicas en todo el espectro de funciones sociales para lograr efectos sinérgicos", donde los ataques cibernéticos "ocurren en combinación con formas de combate regulares e irregulares, simétricas y asimétricas, militares y no militares, abiertas y encubiertas" (CULLEN, P. J. and REICHBORN-KJEN-NERUD, E., *MCDC Countering Hybrid Warfare Project: Understanding Hybrid Warfare Project*, pp. 1-36, p. 8, disponible en https://assets.publishing.service.gov.uk/media/5a8228a540f0b62305b92caa/dar_mcdc_hybrid_warfare.pdf). En este sentido, ver también ROSCINI, M., "Cyber Operations as a Use of Force", in TSAGOURIAS, N. y BOUCHAN, R. (eds.), *Research Handbook on International Law and cyberspace*, Edward Elgar Publishing, Cheltenham, 2015, pp. 233-254, p. 241, https://www.e-elgar.com/shop/gbp/research-handbook-on-international-law-and-cyberspace-9781789904246.html. La guerra híbrida permite, además, "constatar la existencia de amenazas híbridas, es decir, junto a los ataques convencionales de carácter militar o ataques cinéticos, se han llevado a cabo también ataques cibernéticos como ciberespionaje, campañas de desinformación o presión política y ciberataques contra estructuras críticas (...) y, todo ello, no solo con la finalidad de atacar la integridad, la defensa y la seguridad del Estado (...), sino también de desestabilizarlo desde un punto de vista político" (VÁZQUEZ SERRANO, I., "Rusia-Ucrania: ¿la primera ciberguerra global? De ciberejércitos y *hackers*", en JIMÉNEZ PINEDA, E. y BOLLO AROCENA, Mª. D. (dirs.), *El Derecho Internacional y Europeo contemporáneos ante la agresión rusa a Ucrania*, Tirant lo blanch, Valencia, 2024, pp. 213-241). Sobre cómo ha abor-

las dificultades son varias y numerosas y están relacionadas, bien con la identificación de los autores de un ciberataque y su posible responsabilidad[156], bien con la determinación de qué actividades tienen la entidad suficiente para convertirse en ciberataques y constituir así parte del ciberconflicto armado[157].

---

dado la UE la lucha contra las amenazas híbridas, véase: CERVELL HORTAL, Mª. J., "Ciberinjerencias en procesos electorales y principio de no intervención (una perspectiva internacional y europea)", *Revista Electrónica de Estudios Internacionales*, núm. 45, junio 2023, pp. 1-33, pp. 5-7.

[156] Los ciberactores, estatales y privados, de naturaleza y responsabilidad distintas, cuentan con medios y acciones en el ciberespacio muy diversos: en cuanto a los actores estatales, los ejércitos de los propios Estados se han dotado de ciberejércitos, con sus propios cibermilitares, considerados combatientes regulares de acuerdo con el art. 4.A.1 del III Convenio de Ginebra de 1949, mientras que en relación con los actores no estatales, por un lado, han proliferado los ejércitos de las tecnologías de la información o *IT army*, compuestos por los denominados *hackers* patrióticos, y, por otro lado, los grupos externos, como *Anonymous*, compuestos por los denominados hacktivistas o *sofa hackers*). Todos los actores no estatales han sido considerados como civiles, de acuerdo con el artículo 50 del Protocolo Adicional I de 1977. Sobre los diversos actores en la guerra híbrida y su responsabilidad, puede verse: VÁZQUEZ SERRANO, I., "Rusia-Ucrania: ¿la primera ciberguerra global? De ciberejércitos y *hackers*", *op. cit.*, nota 155, pp. 213-241 y VÁZQUEZ SERRANO, I., "La responsabilidad penal internacional en el ciberespacio: ¿Hacia el cibercrimen de guerra?", en CERVELL HORATAL, Mª. J. y PIERNAS LÓPEZ, J. J. (dirs.), *Hacia una regulación internacional para el ciberespacio*, Thomson Reuters Aranzadi, Navarra, 2023, pp. 197-224.

[157] "Se ha debatido mucho sobre qué acciones cibernéticas equivaldrían realmente a un uso de la fuerza, y muchos comentaristas han especulado sobre esta cuestión. A pesar de la falta de claridad total, en general se acepta que, como mínimo, las actividades cibernéticas que provocan la muerte, lesiones o destrucción significativa, o que representan una amenaza inminente de ello, constituyen un uso de la fuerza. También hay consenso general en que las acciones cibernéticas que equivalen a una intervención prohibida también violan

Todo ello convive, además, con una tendencia que reclama la naturaleza independiente del ciberespacio[158].

No obstante, y teniendo en cuenta las dificultades citadas y las características propias del ciberespacio[159], la aplicación del DI al ciberespacio y a sus actividades es, a estas alturas, incuestionable[160] pero, hasta la elaboración de normas específicas para el

---

el derecho internacional. Esta categoría incluiría las acciones coercitivas o dictatoriales que afectan a cuestiones de soberanía como la elección de un sistema político, económico, social y cultural, así como la formulación de la política exterior" (CORN, G. y TAYLOR, R, "Sovereignty in the Age of Cyber", *American Journal of International Law Unbound*, núm. 111, pp. 207-212, p. 208).

[158] En este sentido se pronunció la *Declaración de independencia del ciberespacio* en 1996, si bien pocos son ya los que la apoyan: "Gobiernos del Mundo Industrial, vosotros, cansados gigantes de carne y acero, vengo del Ciberespacio, el nuevo hogar de la Mente. En nombre del futuro, os pido en el pasado que nos dejéis en paz. No sois bienvenidos entre nosotros. No ejercéis ninguna soberanía sobre el lugar donde nos reunimos. No hemos elegido ningún gobierno, ni pretendemos tenerlo, así que me dirijo a vosotros sin más autoridad que aquella con la que la libertad siempre habla. (...) No nos conocéis, ni conocéis nuestro mundo. El Ciberespacio no se halla dentro de vuestras fronteras. No penséis que podéis construirlo, como si fuera un proyecto público de construcción. No podéis. Es un acto natural que crece de nuestras acciones colectivas" (BARLOW, J. P., *Declaración de independencia del ciberespacio*, Davos, 8 de febrero de 1996, disponible en https://nomadasyrebeldes.wordpress.com/wp-content/uploads/2012/05/manifiesto_de_john_perry_barlow-1.pdf).

[159] "La naturaleza única y rápida evolución del ciberespacio, su interconectividad ubicua, su falta de segregación entre los sectores público y privado, y su incompatibilidad con los conceptos tradicionales de geografía [dan lugar a] cuestiones difíciles y sin resolver sobre cómo se aplica exactamente el Derecho internacional a este ámbito" (CORN, G. and TAYLOR, R., "Sovereignty in the Age of Cyber", *op. cit.*, nota 157, pp. 207-209).

[160] Así lo ha señalado, entre otros, María José CERVELL: "los debates iniciales sobre si un Estado podía reclamar jurisdicción sobre él [el

ciberespacio, será el DI y la propia *Carta de las Naciones Unidas*[161],

ciberespacio] y si las normas del Derecho Internacional resultaban aplicables" han sido *relativamente* superados ("Ciberinjerencias en procesos electorales y principio de no intervención (una perspectiva internacional y europea)", *op. cit.*, nota 155, p. 2). Los debates iniciales han sido analizados por la misma autora en *La legítima defensa en el Derecho contemporáneo (nuevos tiempos, nuevos actores y nuevos retos)*, Tirant lo blanch, Valencia, 2017, pp. 291-313.

[161] "El Derecho internacional, y en particular la Carta de las Naciones Unidas, es aplicable y resulta esencial para mantener la paz y la estabilidad y promover un entorno de TIC abierto, seguro, pacífico y accesible" (*Informe del Grupo de Expertos Gubernamentales sobre los avances en el campo de la información y las telecomunicaciones en el contexto de seguridad internacional*, A/68/98, 24 de junio de 2013, párr. 19, disponible en www.un.org/ga/search/view_doc.asp?symbol=A/68/98). Véase también Gary CORN y Robert TAYLOR ("Tanto el *jus ad bellum*, reflejado en el artículo 2(4) de la Carta de la ONU, como el derecho consuetudinario internacional y la regla de no intervención del DI son normas vinculantes bien reconocidas aplicables a las relaciones interestatales. Hay consenso general en que el *jus ad bellum* se aplica plenamente a las actividades cibernéticas que alcanzan el nivel de uso de la fuerza") "Sovereignty in the Age of Cyber", *op. cit.*, nota 157, pp. 207-209 y BERMEJO GARCÍA, R. y LÓPEZ-JACOISTE DÍAZ, E., *La ciberseguridad a la luz del Jus ad Bellun y del Jus in Bello*, Eunsa, Navarra, 2020, pp. 16 y ss.

Sobre la incuestionable aplicación del DI al ciberespacio, véase: GUTIÉRREZ ESPADA, C., "La ciberguerra y el Derecho internacional", en MARTÍNEZ PÉREZ, E. J. (coord.), MARTÍNEZ CAPDEVILA, C., ABAD CASTELOS, M. y CASADO RAIGÓN, R. (dirs.), *Las amenazas a la seguridad internacional hoy*, Tirant lo Blanch, Valencia, 2017, pp. 205-233; del mismo autor, "¿Existe (ya) un Derecho aplicable a las actividades en el ciberespacio?", en CERVELL HORTAL, Mª. J. (dir.), *Nuevas tecnologías en el uso de la fuerza: drones, armas autónomas y ciberespacio*, Aranzadi, Cizur Menor, 2020, pp. 225-248, pp. 238-244; KETTEMAN, M. C., "Ensuring cybersecurity through international law", *Revista Española de Derecho Internacional*, vol. 69, núm. 2, 2017, pp. 281-289, p. 286; NEUMAN, N., *op. cit.*, nota 5, pp. 779; y SEGURA SERRANO, A., "Ciberseguridad y Derecho internacional",

junto a los principios y normas de DIH[162], en relación con el principio de neutralidad, las normas encargadas de regular el ciberespacio.

Revista Española de Derecho Internacional, vol. 69, núm. 2, 2017, pp. 291-299, p. 292.

[162] "Building on the work of the previous Groups, and guided by the Charter and the mandate contained in General Assembly resolution 68/243, the present Group offers the following non-exhaustive views on how international law applies to the use of ICTs by States: (…) (d) The Group notes the established international legal principles, including, where applicable, the principles of humanity, necessity, proportionality and distinction" (*Informe del Grupo de Expertos Gubernamentales sobre los avances en el campo de la información y las telecomunicaciones en el contexto de seguridad internacional,* A/70/174, 22 de julio de 2015, párr. 28, disponible en www.un.org/ga/search/view_doc. asp?symbol=A/70/174). Si bien, algunos Estados se han manifestado en contra de la aplicación del DIH al ciberespacio: "This was, in fact, one of the grounds for the failure to reach a consensus report in the 2017 meeting of this forum. *See, e.g.,* The Ministry of Foreign Affairs of the Russian Federation, Response of the Special Representative of the President of the Russian Federation for International Cooperation on Information Security Andrey Krutskikh to TASS' Question Concerning the State of International Dialogue in This Sphere, June 29, 2017, disponible en https://www.mid.ru/en/foreign_policy/news/-/ asset_pub-lisher/cKNonkJE02Bw/content/id/2804288; Michael RODRÍGUEZ, Representative Of Cuba, Declaration at the Final Session Of Group Of Governmental Experts on Developments in the Field of Information and Telecommunications in the Context of International Security, *Just Security,* June 23, 2017, https://www.justsecurity.org/wp-content/up-loads/2017/06/Cuban-Expert-Declaration.pdf; SCHMITT, M. N. and VIHUL, L., "International Cyber Law Politicized: The UN GGE's Failure to Advance Cyber Norm", *Just Security,* June 30, 2017, https://www.justsecurity.org/42768/international-cyber-law-politicized-gges-failure-advance-cyber-norms/; SCHMITT, M. N., "*Norm-Skepticism in Cyberspace? Counter-Factual and Counterproductive*", *Just Security,* February 28, 2020, https://www. justsecurity.org/68892/norm-skepticism-in-cyberspace-counter-factual-and-counter-productive/.

Centrándonos en el principio de neutralidad, principio de DIH objeto de nuestro análisis, surge la duda de si éste es aplicable (o no) al ciberespacio pues, como ya se ha señalado, las normas relativas a la neutralidad se establecieron atendiendo a los dominios en los que podrían aplicarse (tierra, mar y aire) a través, fundamentalmente, de las Convenciones V y XIII de La Haya de 1907 (*vid. supra* Capítulo 1, apdo. III. 2). Habrá que analizar qué parte de estos convenios serían aplicables al ciberespacio, a pesar de no estar referidos directamente a él, teniendo en cuenta que se redactaron a principios del siglo XX y que su naturaleza es consuetudinaria.

La identificación de la costumbre aplicable al ciberespacio, señala Noam NEUMAN, debe estar basada (i) en la práctica de los Estados estrechamente relacionada con el ciberespacio y (ii) en la *opinio iuris* que, sin embargo, no debe ser específica de un dominio[163]. Ahora bien, en relación con la *práctica estatal*, no parece que se hayan producido casos en los que la neutralidad de un Estado haya sido vulnerada a través de ciberataques u operaciones cibernéticas o que un Estado beligerante haya

---

[163] En este sentido, en relación con la *práctica* ver asunto *Lotus*, Sentencia de 9 de septiembre de 1927, CPJI, serie A, núm. 10, pp. 20-21, 26-27; y asunto *de la plataforma continental del Mar del Norte*, Sentencia de 20 de febrero de 1969, *ICJ Reports*, 1969, párr. 79; y, en relación con la *opinio iuris*, Frans G. VON DER DUNK, que considera que este enfoque es aplicable, de forma general, al discutir los dominios emergentes de la guerra ("Armed Conflicts in Outer Space: Which Law Applies?", *International Law Studies*, vol. 97, 2021, pp. 188-231, p. 207). Sin embargo, algunos autores se oponen a la posición según la cual la aplicabilidad de las normas jurídicas al ciberespacio depende de su especificidad de dominio (AKANDE, D., COCO, A. and DE SOUZA, T., "Old Habits Die Hard: Applying Existing International Law in Cyberspace and Beyond", *EJIL: TALK!*, Jan. 5, 2021, disponible en https:// www.ejiltalk.org/old-habits-die-hard-applying-existing-international-law-in-cyberspace-and-beyond/) en NEUMAN, N., *op. cit.*, nota 5, p. 783).

afirmado que un Estado neutral haya incumplido sus cibero-
bligaciones[164]. En relación con la *opinio iuris*, ya se ha señalado
que los Estados han apoyado la aplicación del DI al ciberespacio, pero pocos han apoyado de forma clara y específica la
aplicación del principio de neutralidad en el mismo. A *priori*,
por tanto, no parece que exista una práctica estatal suficiente
y tampoco una *opinio iris* que pueda afirmar la aplicación del
principio de neutralidad (o algunas de sus normas) en el ciberespacio (*vid. infra* Capítulo 4)[165]. Sin embargo, estas percep-
ciones parecen haber sido el catalizador hacia una voluntad
general actual de aplicar el DI al nuevo dominio, entendiendo
así que el principio de neutralidad también sería aplicable, por
analogía, al ciberespacio[166].

---

[164]   "Cabe señalar que una posible razón de esta falta de práctica pueden ser los pocos casos en que los ciberataques o las ciberoperaciones se reconocieron públicamente y se atribuyeron a un Estado
beligerante en particular" (NEUMAN, N., *op. cit.*, nota 5, pp. 783
y 784). En este mismo sentido, VON HEINEGG, W. H., "Territorial Sovereignty and Neutrality in Cyberspace", *op. cit.*, nota 146,
p. 139; y MOYNIHAN, H., "The application of international law to
state cyberattacks: sovereignty and non-intervention", *Chatman House*, 2019, pp. 2-59, p. 11, disponible en https://www.chathamhouse.
org/2019/12/application-international-law-state-cyberattacks. Pero
también puede deberse a que la mayor parte de las ciberoperaciones no alcanzan el nivel para ser consideradas un conflicto armado
(CHIRCOP, L., *op. cit.*, nota 148, p. 27).

[165]   Incluso, señala Noam NEUMAN, algunos de los Estados que apoyan
la aplicación del principio de neutralidad han señalado su alcance
limitado, refiriéndose a normas y circunstancias particulares; otros
sólo han ofrecido orientaciones limitadas sobre cómo debería ser la
aplicación de las normas relativas al derecho de neutralidad, por lo
que la aplicación del derecho de neutralidad al ciberespacio es, "en
el mejor de los casos, turbia" (*op. cit.,* nota 5, p. 784).

[166]   No obstante, se debe ser cauteloso y tener en cuenta las limitaciones
en la aplicación de la analogía en el DI y hacer un análisis caso por
caso, pues "las características únicas del ciberespacio y el hecho de

La dificultad de la cuestión y la falta de una regulación específica ha llevado a algunos autores a sugerir que el ciberespacio debería asimilarse a la alta mar, al espacio aéreo internacional o al espacio ultraterrestre, pues todos ellos constituyen un "común global" (*res communis omnium*). Sin embargo, el propio GEI que elaboró el *Manual de Tallín 2.0* señaló que las normas que regulan estos espacios no tienen en cuenta las características territoriales del ciberespacio y de las operaciones cibernéticas que implica el principio de soberanía. Las actividades cibernéticas, en efecto, o bien ocurren en el territorio e implican objetos, o bien son realizadas por personas o entidades sobre que los Estados pueden ejercer sus prerrogativas soberanas. En particular, los Expertos señalaron que, aunque esas actividades cibernéticas pueden cruzar múltiples fronteras o, incluso, tener lugar en aguas internacionales, en el espacio aéreo internacional o en el espacio ultraterrestre, todas son realizadas por individuos o entidades sujetos a la jurisdicción

---

que el derecho de la neutralidad se desarrollara sobre la base de situaciones que surgen en el mundo físico (donde las nociones de fronteras y control son mucho más claras), ponen de relieve ciertas tensiones inherentes y, por consiguiente, limitaciones fundamentales a la capacidad de establecer analogías. Por lo tanto, los intentos de examinar la aplicación de las normas de neutralidad estableciendo analogías con otros ámbitos bélicos, *mutatis mutandis*, pueden resultar no sólo una tarea ardua, sino también insatisfactoria (NEUMAN, N., *op. cit.*, nota 5, pp. 785-786). En este mismo sentido, se ha pronunciado también SCHMITT, M. N., *Tallin Manual 2.0 on the International Law...*, *op. cit.*, nota 149, pp. 553-562; el *Commentary to the HPCR Manual on International Law Applicable to Air and Missile Warfare*, *op. cit.*, nota 108, p. 309; y algunos autores (WALKER, K. G., *op. cit.*, nota 14, p. 1183; KELSEY, J. T. G., "Hacking into International Humanitarian Law: The Principles of Distinction and Neutrality in the Age of Cyber Warfare", *Michigan Law Review*, vol. 106, núm. 7, 2008, pp. 1427-1452, p. 1444; and TALBOT JENSEN, E., "Sovereignty in the Age of Cyber", *op. cit.*, nota 154, pp. 816 y 824).

de uno o más Estados[167], por lo que afecta a la soberanía de dichos Estados.

2. SOBERANÍA Y CIBERESPACIO

La soberanía o *summa potestas* es la "piedra angular por excelencia del Derecho Internacional"[168]. Históricamente, la noción de soberanía se ha vinculado con los orígenes del Estado moderno[169] y fue definida por Max HUBER en 1928 en el laudo arbitral del asunto *Isla de Palmas*:

> "Sovereignty in the relations between States signifies Independence. Independence in regard to a portion of the globe is the

---

[167] SCHMITT, M. N., *Tallin Manual 2.0 on the International Law...*, *op. cit.*, nota 149, p. 12.

[168] Sin soberanía no hay Estados y sin éstos no hay Derecho Internacional (GUTIÉRREZ ESPADA, C. y CERVELL HORTAL, M.ª J., *Derecho Internacional (Corazón y funciones)*, *op. cit.*, nota 106, p. 69). En el mismo sentido, Michael N. SCHMITT: "De todos los principios del derecho internacional, la soberanía es quizá el más fundamental. De este principio se derivan, entre otros, los conceptos de no intervención, jurisdicción preceptiva, ejecutiva y jurisdiccional, inmunidad soberana, diligencia debida e integridad territorial" ("Grey Zones in the International Law of Cyberspace", *op. cit.*, nota 148, p. 4). Sobre la soberanía, véase: GUTIÉRREZ ESPADA, C. y CERVELL HORTAL, M.ª J., *Derecho Internacional (Corazón y funciones)*, *op. cit.*, nota 106, p. 69; DIEZ DE VELASCO, M., *op. cit.*, nota 12, p. 276; y VERDROSS, A., *op. cit.*, nota 13, pp. 9-12.

[169] La soberanía era definida como "el poder absoluto del Estado para comportarse, interna e internacionalmente, según su voluntad y sin más restricciones que las que libremente aceptara" (GUTIÉRREZ ESPADA, C. y CERVELL HORTAL, M.ª J., *Derecho Internacional (Corazón y funciones)*, *op. cit.*, nota 106, p. 69).

right to exercise therein, to the exclusion of any other State, the functions of a State"[170].

Ahora bien, tanto el concepto, como su naturaleza y sus dimensiones han ido evolucionado y continúan haciéndolo hasta nuestros días.

"Territorial sovereignty, therefore, implies that, subject to applicable customary or conventional rules of international law, the State alone is entitled to exercise jurisdiction, especially by subjecting objects and persons within its territory to domestic legislation and to enforce these rules. Moreover, the State is entitled to control access to and egress from its territory. The latter right seems to also apply to all forms of communication. Finally, territorial sovereignty protects a State against any form of interference by other States"[171].

En 1928, en el asunto *Lotus*, ya se había señalado que, teniendo en cuenta que el territorio[172] era un elemento necesa-

---

[170] "La soberanía en las relaciones entre Estados significa independencia. Independencia respecto de una porción del globo es el derecho a ejercer en ella, con exclusión de cualquier otro Estado, las funciones de un Estado" (asunto *Isla de Palmas*, Países Bajos v. EEUU, *Report of International Arbitral Awards*, vol. II, 1928, pp. 829-871, p. 838).

[171] VON HEINGG, W. H., "Territorial Sovereignty and Neutrality in Cyberspace", *op. cit.*, nota 146, p. 124. En este mismo sentido, "los Estados son soberanos en tanto en cuanto niegan la existencia de autoridad o poder superior, pero además (de una parte), el Derecho Internacional ha puesto el énfasis en la idea de que la soberanía está sujeta al Derecho; y (de otra) que no es ésta solo un concepto negativo, *summa potestas* (exclusión de poder superior alguno), sino también positivo, *plenitudo potestatis*, titularidad sobre "la totalidad de los derechos y deberes reconocidos por el Derecho Internacional". Así lo señaló el *Dictamen sobre daños sufridos al servicio de Naciones Unidas*, de 11 de abril de 1949, CIJ, *ICJ Reports,* 1949, pp. 174 y ss.

[172] El territorio de un Estado incluye el territorio terrestre, las aguas interiores, el mar territorial (incluido su lecho y subsuelo) y las aguas archipelágicas (cuando proceda). Véase el *Convenio sobre aviación ci-*

rio para el Estado, a éste le correspondía ejercer los derechos
y obligaciones que se derivan del mismo, señalando que "la
primera y principal restricción impuesta por el derecho internacional a un Estados es que (...) no puede ejercer su poder de
ninguna forma en el territorio de otro Estado", considerándose la soberanía territorial "la negación de toda subordinación
jurídica a una voluntad exterior a la del Estado" (asunto *Lotus,*

---

vil internacional (Convenio de Chicago), de 7 de diciembre de 1944
(artículo 1.- Soberanía. "Los Estados contratantes reconocen que
todo Estado tiene soberanía plena y exclusiva en el espacio aéreo
situado sobre su territorio"; artículo 2. Territorio "A los fines del
presente Convenio se consideran como territorio de un Estado las
áreas terrestres y las aguas territoriales adyacentes a ellas que se encuentren bajo la soberanía, dominio, protección o mandato de dicho Estado"; y artículo 3. Aeronaves civiles y de Estado. "El presente
Convenio se aplica solamente a las aeronaves civiles y no a las aeronaves de Estado. Se consideran aeronaves de Estado las utilizadas en
servicios militares, de aduanas o de policía. Ninguna aeronave de
Estado de un Estado contratante podrá volar sobre el territorio de
otro Estado o aterrizar en el mismo sin haber obtenido autorización
para ello, por acuerdo especial o de otro modo, y de conformidad
con las condiciones de la autorización. Los Estados contratantes se
comprometen a tener debidamente en cuenta la seguridad de la na-
vegación de las aeronaves civiles, cuando establezcan reglamentos
aplicables a sus aeronaves de Estado". Y véase también *la Convención
de las Naciones Unidas sobre el Derecho del Mar,* de 10 de diciembre de
1982: artículo 2.- Régimen jurídico del mar territorial, del espacio
aéreo situado sobre el mar territorial y de su lecho y subsuelo ("1. La
soberanía del Estado ribereño se extiende más allá de su territorio y
de sus aguas interiores y, en el caso del Estado archipelágico, de sus
aguas archipelágicas, a la franja de mar adyacente designada con el
nombre de mar territorial. 2. Esta soberanía se extiende al espacio
aéreo sobre el mar territorial, así como al lecho y al subsuelo de ese
mar. 3. La soberanía sobre el mar territorial se ejerce con arreglo a
esta Convención y otras normas de Derecho internacional").

1927)[173]. Más tarde, la CIJ señaló que "entre Estados independientes, el respeto por la soberanía territorial es una base esencial" (asunto *Canal de Corfú*, 1949)[174].

Soberanía territorial entendida, pues, como un concepto más
amplio que el concepto de soberanía estricto. Y es, precisamente esa versión más amplia y tradicional de la soberanía (soberanía territorial), la que se convierte en el marco jurídico de
aquellas acciones que atacan la integridad territorial de un Estado y que, trasladado el concepto (de soberanía territorial) al
ciberespacio, el resultado es *polémico*[175].

2.1. Las dificultades de la soberanía estatal (¿norma o principio de Derecho internacional?) para ser aplicada al ciberespacio

La soberanía encuentra dificultades para su aplicación en el
ciberespacio desafiando a académicos y Estados desde hace más
de dos décadas y si bien hay consenso sobre la aplicación del

---

[173]   CARRILLO SALCEDO, J. A., "Droit international et souveraineté
des États. Cours général de droit international public", *Recueils des
Cours de l'Académie de Droit International de La Haye*, vol. 257, 1996, pp.
35-222, p. 60. (Asunto *Lotus*, Sentencia de 9 de septiembre de 1927,
CPJI, serie A, núm. 10, párrs. 10-18).

[174]   Asunto *Canal de Corfú*, Reino Unido de Gran Bretaña e Irlanda del
Norte v. Albania, Sentencia de 9 de abril de 1946, *ICJ Report*, 1949, p.
35. Recientemente, en el asunto de las actividades *militares en y contra
Nicaragua*, la CIJ reconoció y aplicó de nuevo el principio de respeto
de la soberanía (territorial) del Estado que "se extiende a las aguas
interiores y al mar territorial de cada Estado y al espacio aéreo sobre
su territorio" (asunto *relativo a las actividades militares y paramilitares
en Nicaragua y contra Nicaragua* (Nicaragua v. EEUU), Sentencia de
17 de junio de 1986, CIJ *Recueil 1986*, párrs. 212-214).

[175]   CERVELL HORTAL, Mª. J., "Ciberinjerencias en procesos electorales y principio de no intervención (una perspectiva internacional y
europea)", *op. cit.*, nota 155, pp. 5-7.

DI al ciberespacio, otras áreas siguen sin encontrar anuencia, habiéndose convertido en una de las llamadas *zonas grises*[176]. De hecho, en la actualidad no se cuestiona que la soberanía se aplica a aquellas personas que participan en actividades cibernéticas o a las infraestructuras cibernéticas que se encuentran en el territorio del Estado soberano y/o, en fin, a cualquier actividad cibernética que suceda en ese territorio o a través de él, pero existen dificultades para su aplicación en el ciberespacio[177]. De hecho, el *Manual de Tallín 2.0*, que regula la soberanía en sus primeras Reglas, establece en la Regla 1:

"El principio de soberanía estatal se aplica en el ciberespacio"[178].

Tradicionalmente se han distinguido dos dimensiones en la soberanía estatal: interna y externa. En cuanto a la *dimensión interna* se refiere al derecho de un Estado a ejercer sus funciones sobre las personas, incluidas las personas jurídicas, los objetos y las actividades en su territorio[179]. La dimensión interna

---

[176] SCHMITT, M. N., "Grey Zones in the International Law of Cyberspace", *op. cit.*, nota 148, p. 4.

[177] CHIRCOP, L., *op. cit.*, nota 148, p. 2.

[178] El GEI señaló que "esta regla reconoce que diversos aspectos del ciberespacio y de las operaciones cibernéticas de los Estados no están fuera del alcance del principio de soberanía. En particular, los Estados disfrutan de soberanía sobre cualquier infraestructura cibernética ubicada en su territorio y en relación con las actividades asociadas a esa infraestructura cibernética (...). Por último, el carácter territorial de la soberanía también impone restricciones a operaciones cibernéticas de otros Estados dirigidas a ciberinfraestructuras situadas en territorio soberano (Regla 4)" (SCHMITT, M. N., *Tallin Manual 2.0 on the International Law...*, *op. cit.*, nota 149, p. 11).

[179] La dimensión interna "se erguía frente al *pluriverso* de poderes de la Edad Media ("derechos derivados del príncipe", base de lo que hoy llamamos poderes estatales" (GUTIÉRREZ ESPADA, C. y CERVELL HORTAL, M.ª J., *Derecho Internacional (Corazón y funciones)*, *op. cit.*, nota 106, p. 68).

de la soberanía recae fundamentalmente sobre los asuntos de gobierno y jurisdicción bajo la responsabilidad exclusiva del Estado y de sus agentes oficiales, conformando el núcleo del *principio de no intervención*[180], y está específicamente protegida por él. Así, basándose en la soberanía interna, un Estado también puede prohibir actos dentro de su territorio o que afecten a éste como ejercicio de la autoridad gubernamental.

La dimensión interna ha sido incluida en la Regla 2 del *Manual de Tallín 2.0*:

> "Un Estado goza de autoridad soberana con respecto a la infraestructura cibernética, a las personas y a las actividades cibernéticas situadas en su territorio, con sujeción a sus obligaciones jurídicas internacionales"[181].

Dos son las consecuencias jurídicas internacionales que se derivan de la soberanía de un Estado sobre las infraestructuras y actividades cibernéticas que se encuentran dentro de su territorio: (i) la ciberinfraestructura y las actividades están sujetas al control jurídico y reglamentario por parte del Estado. En particular, el Estado podrá promulgar y aplicar leyes y reglamentos nacionales al respecto; y (ii) la soberanía del Estado sobre su territorio le confiere el derecho, de acuerdo con el DI, a prote-

---

[180] El principio de no intervención está regulado en el artículo 2 de la Carta de la ONU y, más tarde, también en la Resolución 2625 (XXV) de 1970.

[181] Así, en principio, los Estados son libres de adoptar cualquier medida que consideren respecto de las ciberinfraestructuras, de las personas que realicen ciberactividades o de las actividades cibernéticas en su territorio, a menos que se lo impida una norma de DI vinculante como, por ejemplo, las relativas a los derechos humanos (véase Regla 35).

ger la ciberinfraestructura y salvaguardar la ciberactividad que se encuentra en su territorio o tiene lugar en él[182].

En el ciberdominio, para el *Manual de Tallín 2.0*, las capas físicas, lógicas y sociales del ciberespacio están sujetas al principio de soberanía.

a) En cuanto a la *capa física* comprende los componentes físicos de la red: el disco duro y otras infraestructuras como cables, enrutadores, servidores y computadoras. Esta soberanía permite al Estado controlar la instalación de cables submarinos de comunicaciones submarinas que se encuentren en el fondo de su mar territorial; un derecho crítico si se tiene en cuenta que los cables submarinos de comunicación transportan actualmente la mayor parte de las comunicaciones internacionales[183].

---

[182] Con respecto a la soberanía interna de un Estado, es irrelevante para el DI si la ciberinfraestructura en cuestión es de carácter público o privado, o si las actividades cibernéticas son realizadas por los órganos del Estado o por particulares o entidades privadas. Las prerrogativas soberanas de un Estado también existen con independencia de la finalidad de la ciberinfraestructura o, en general, la nacionalidad de su propietario. Por ejemplo, un Estado goza de soberanía sobre el servidor de un ISP privado situado en su territorio, aunque el ISP esté domiciliado en el extranjero (SCHMITT, M. N., *Tallin Manual 2.0 on the International Law...*, *op. cit.*, nota 149, pp. 14 y 15).

[183] El GEI señaló que, a diferencia de la ciberinfraestructura física, como los cables terrestres por los que se transmiten las telecomunicaciones "por cable", las frecuencias electromagnéticas no encajan fácilmente en una noción de soberanía que se limita a las fronteras de los Estados. La comunidad internacional ha tomado medidas para regular el uso de espectros electromagnéticos cuando las frecuencias utilizadas para las comunicaciones cibernéticas trascienden las fronteras de los Estados, con el fin de permitir su uso compartido y la transmisión sin obstáculos de las comunicaciones (SCHMITT, M. N., *Tallin Manual 2.0 on the International Law...*, *op. cit.*, nota 149, pp. 12 y 14).

b) La *capa lógica* está formada por las conexiones que existen entre los dispositivos de red: aplicaciones, datos y protocolos que permiten el intercambio de datos a través de la capa física. Son los Estados los que tienen derecho a controlar aspectos de la capa lógica del ciberespacio dentro de sus territorios[184].

c) En relación con la *capa social*, que abarca individuos y grupos involucrados en actividades cibernéticas, un Estado puede regular las ciberactividades cibernéticas de quienes se encuentren en su territorio, incluidas las personas físicas y jurídicas[185]. Así, en la medida en que un Estado goza de soberanía interna, puede, entre otras cosas, restringir, total o parcialmente, el acceso al ciberespacio de quienes se encuentren en su territorio, en particular a determinados contenidos en línea[186].

---

[184] Por ejemplo, un Estado puede promulgar legislación que exija que ciertos servicios electrónicos empleen determinados protocolos criptográficos, como el protocolo *Transport Layer Security*, para garantizar la seguridad de las comunicaciones entre los servidores *web* y los navegadores. Del mismo modo, un Estado puede exigir legislativamente que las firmas electrónicas cumplan requisitos técnicos concretos (como el uso de un sistema de cifrado) o que los certificados incluyan determinada información (como su huella criptográfica, propiedad o fecha de caducidad) (SCHMITT, M. N., *Tallin Manual 2.0 on the International Law...*, *op. cit.*, nota 149, pp. 12 y 14).

[185] Por ejemplo, un Estado puede penalizar la difusión de material como la pornografía infantil o la incitación a la violencia en línea. Debe advertirse que la censura o las restricciones estatales de las comunicaciones y actividades en línea están sujetas a las normas internacionales aplicables en materia de derechos humanos (SCHMITT, M. N., *Tallin Manual 2.0 on the International Law...*, *op. cit.*, nota 149, pp. 12 y 14 y 15).

[186] Por ejemplo, varios Estados, a veces en cooperación con empresas privadas de medios sociales, han bloqueado el acceso a contenidos terroristas en redes sociales y otros sitios *web*. Ahora bien, el derecho

Además, las mismas limitaciones que establece el Derecho consuetudinario o convencional en relación con el ejercicio de la soberanía interna por parte del Estado territorial, tal y como lo señaló el GIE, se aplican en el contexto cibernético[187].

En cuanto a la *dimensión exterior* de la soberanía, se refiere al derecho de los Estados a entablar relaciones internacionales a través de la actividad diplomática y la celebración de acuerdos internacionales[188]. La dimensión exterior deriva del principio de "la igualdad soberana de los Estados", tal y como se contem-

---

de un Estado a limitar el acceso debe tener en cuenta las normas de DI aplicables como aquellas que reconocen la libertad de expresión (un derecho en virtud del DI consuetudinario de los derechos humanos) y sus limitaciones, como en el caso de bloquear el acceso a Internet en situaciones de disturbios civiles generalizados alimentados por las redes sociales, que deberán ser, entre otras cosas, no discriminatorias y estar autorizadas por la ley (Reglas 35 y 37) (SCHMITT, M. N., *Tallin Manual 2.0 on the International Law...*, *op. cit.*, nota 149, p. 15).

[187] Por ejemplo, los Estados no pueden ejercer jurisdicción o autoridad dentro de su territorio sobre las actividades gubernamentales no comerciales de otro Estado u órganos particulares de otros otros Estados: jefes de Estado, jefes de gobierno y ministros de asuntos exteriores -Regla 12-, el personal diplomático y consular -Regla 44- o los buques y aeronaves de Estado que gozan de inmunidad soberana e inviolabilidad -Regla 5- (SCHMITT, M. N., *Tallin Manual 2.0 on the International Law...*, *op. cit.*, nota 149, p. 15).

[188] SCHMITT, M. N., "Grey Zones in the International Law of Cyberspace", *op. cit.*, nota 148, p. 4. La dimensión externa, "supuso la negación de cualquier poder superior, pues a partir del siglo XIII la soberanía se afirma para negar los poderes supremos de la época: el Papado y el Imperio" (GUTIÉRREZ ESPADA, C. y CERVELL HORTAL, M.ª J., *Derecho Internacional (Corazón y funciones)*, *op. cit.*, nota 106, p. 68).

pla en el artículo 2 de la Carta de la ONU y, más tarde, en la Resolución 2625(XXV) de 1970[189].

Los Estados son jurídicamente iguales y cada uno de ellos está obligado a respetar la personalidad, la integridad territorial y la independencia política de los demás Estados, debiendo cumplir fielmente sus obligaciones internacionales de forma que, en una comunidad de Estados soberanos iguales, no existe supremacía jurídica de un Estado sobre otro.

El *Manual de Tallín 2.0* regula la *soberanía exterior* en la Regla 3:

> "Un Estado es libre de llevar a cabo actividades cibernéticas en sus relaciones internacionales, sin perjuicio de cualquier norma contraria de derecho internacional que le sea vinculante"[190].

---

[189] "f) El principio de la igualdad soberana de los Estados. Todos los Estados gozan de igualdad soberana. Tienen iguales derechos e iguales deberes y son por igual miembros de la comunidad internacional, pese a las diferencias de orden económico, social, político o de otra índole.
En particular, la igualdad soberana comprende los elementos siguientes: a) los Estados son iguales jurídicamente; b) cada Estado goza de los derechos inherentes a la plena soberanía; c) cada Estado tiene el deber de respetar la personalidad de los demás Estados; d) la integridad territorial y la independencia política del Estado son inviolables; e) cada Estado tiene el derecho a elegir y a llevar delante libremente sus sistema político, social, económico y cultural; f) cada Estado tiene el deber de cumplir plenamente y de buena fe sus obligaciones internacionales y de vivir en paz con los demás Estados" (*Resolución 2625 (XXV) de la Asamblea General de Naciones Unidas, de 24 de octubre de 1970, que contiene la Declaración relativa a los principios de Derecho Internacional referentes a las relaciones de amistad y a la cooperación entre los Estados de conformidad con la Carta de las Naciones Unidas*).

[190] SCHMITT, M. N., *Tallin Manual 2.0 on the International Law...*, *op. cit.*, nota 149, p. 16.

Así, la soberanía exterior significa que un Estado es independiente en sus relaciones exteriores de otros Estados y es libre de realizar actividades cibernéticas más allá de su territorio, sujeto únicamente al DI. Dicha soberanía abarca la libertad de formular la política exterior, incluso para celebrar acuerdos internacionales[191].

El principio de igualdad soberana de los Estados y el principio de integridad territorial, en relación con la dimensión externa de la soberanía, y el principio de no intervención, en relación con la dimensión interna, son dos de las obligaciones que lleva aparejada la soberanía y, como veremos, ambas serán necesarias para aplicar la soberanía en el ciberespacio, pues se puede afirmar que es posible aplicar la soberanía territorial a la capa física, a la capa lógica y a la capa social del ciberespacio. En concreto, la capa física está situada en territorios estatales y, a pesar de que sus propietarios puedan ser el Estado, empresas o individuos, serán los propios Estados los que ejerzan el control sobre las ciberinfraestructuras situadas en su territorio a través de su soberanía (territorial), existiendo un amplio

---

[191]   Así, en relación con las actividades cibernéticas, los Estados son libres de decidir si optan por regímenes específicos de tratados cibernéticos o expresiones de *opinio juris* con respecto a la naturaleza de derecho consuetudinario de cualquier práctica cibernética estatal. En particular, un Estado no está obligado a aceptar normas de tratados que rigen las actividades cibernéticas de sus órganos o nacionales o conducta que tenga lugar en su territorio soberano. Esta norma reconoce expresamente que la participación de un Estado en ciberoperaciones cibernéticas en virtud de su soberanía exterior se entiende sin perjuicio de tratados vinculantes o normas de derecho internacional consuetudinario que establezcan lo contrario. A este respecto, cabe destacar la prohibición de violar la soberanía de otro Estado -Regla 4-, la intervención -Regla 66- y el uso de la fuerza -Regla 68-. La soberanía externa es la fuente de la inmunidad del Estado -Regla 12- (SCHMITT, M. N., *Tallin Manual 2.0 on the International Law...*, *op. cit.*, nota 149, pp. 15-17).

consenso acerca de que aquellas ciberoperaciones estatales que causen daños físicos a la capa física suponen, *al menos,* una violación de la soberanía territorial del Estado donde están situadas. Y no sólo sobre ciberinfrestructuras, sino también podrá el Estado soberano controlar el intercambio de datos en su territorio (capa lógica) e, incluso, a aquellas personas que, encontrándose en su territorio, participan en operaciones cibernéticas, pudiendo, a través de normas internas regular dichas actividades (capa social)[192].

---

[192] "El siguiente paso crítico es reconocer que los Estados también ejercen soberanía territorial sobre los datos que emanan de su infraestructura cibernética. La base de la reclamación de un Estado a la soberanía territorial sobre los datos sigue siendo física, ya que se limita a los datos que emanan de su infraestructura ubicada en su territorio. Como los derechos y deberes soberanos de un Estado con respecto a los datos son independientes y completos, la soberanía territorial puede ser violada solo por interferencia con los datos, incluso cuando la interferencia no tiene medios auxiliares en la infraestructura física subyacente" (CHIRCOP, L., *op. cit.*, nota 148, pp. 17 y 18). Sin embargo, la cuestión acerca de la soberanía territorial sobre los datos no es clara. De hecho, algunos miembros del GEI del *Manual de Tallín 2.0* ya han señalado que los Estados también tienen derecho a ejercer derechos soberanos, incluida la jurisdicción, sobre los datos gubernamentales y los de sus nacionales almacenados o transmitidos fuera de su territorio, con sujeción a las restricciones específicas impuestas por el DI (la soberanía de un Estado sobre los datos almacenados o en tránsito en el extranjero puede darse independientemente de su soberanía sobre las ciberinfraestructuras situadas en su territorio y las personas y actividades que en ella se desarrollan). La mayoría, por el contrario, adoptó la posición de que los Estados no gozan de dicha soberanía sobre los datos situados en el extranjero a menos que específicamente el DI así lo establezca, como en el caso de los datos almacenados a bordo de ciertos objetos, como los buques de guerra. No obstante, reconocieron que un Estado puede, en determinadas circunstancias, ejercer la jurisdicción prescriptiva sobre datos situados fuera de su territorio -Regla

Así, la soberanía, tanto en su dimensión interna como externa, teniendo en cuenta las características propias del ciberespacio y a pesar de ciertas dificultades en su aplicación, es aplicable a las actividades cibernéticas que se produzcan en las tres capas del nuevo dominio, fundamentalmente en su vertiente relativa al territorio. Lo ha señalado en diversas ocasiones el Grupo de Expertos Intergubernamentales de las Naciones Unidas en Ciberseguridad[193], parte de la doctrina[194], el *Manual de Tallín 2.0* (aquí analizado) y los Estados, a través de la práctica estatal y la *opinio iuris*:

> "en primer lugar, los Estados han comentado y respondido públicamente a varios incidentes cibernéticos significativos y recientes, a veces por referencia a los principios del Derecho internacional; y en segundo lugar, los Estados han emitido declaraciones de política y documentos de estrategia que expresan puntos de vista sobre sus derechos y responsabilidades en el ciberespacio"[195].

10- (SCHMITT, M. N., *Tallin Manual 2.0 on the International Law...*, *op. cit.*, nota 149, pp. 15 y 16).

[193]   Informe del GEI de 2013, (A/68/98), núm. 8, párrs. 19 y 20 e Informe del GEI de 2015, (A/70/174), núm. 7, párrs. 11-13.

[194]   En este sentido, Sean WATTS señaló: "The argument that cyberspace constitutes a law-free zone is no longer taken seriously" ("Low-Intensity Cyber Operations and the Principle of Non-Intervention", *Baltic Yearbook of International Law*, vol. 14, núm. 1, 2015, pp. 137-161, p. 141, disponible en https://papers.ssrn.com/sol3/papers.cfm?abstract_id=2479609). También CHIRCOP, L., *op. cit.*, nota 148, pp. 1-29.

[195]   "Los actos verbales (...) pueden ser particularmente instructivos en el contexto del ciberespacio porque permiten a los Estados expresar puntos de vista sobre el Derecho internacional sin restricciones por las circunstancias particulares y las sensibilidades diplomáticas que asisten a un incidente cibernético determinado. Tal vez no sea sorprendente que los Estados hayan recurrido cada vez más a sus declaraciones de política y documentos de estrategia para comunicar su enfoque y el posible contenido de la soberanía territorial

Sin embargo, estos documentos de estrategia o declaraciones políticas son cada vez más ambiguos, con un lenguaje impreciso, y la práctica estatal, si bien aumenta paulatinamente, no puede tildarse de uniforme ni de extensa.

Además, junto a las dificultades manifestadas en relación con la aplicación de la soberanía al ciberespacio, los Estados[196] se han visto, en la actualidad, inmersos en un debate que gira en torno a la naturaleza jurídica de la soberanía, bien como principio, bien como norma de DI. Un debate que mantienen la doctrina y los Estados y que se ha visto agravado cuando se trata de aplicar la soberanía al ciberespacio, convirtiéndose así

---

en el ciberespacio (...). Estas declaraciones pueden verse como un reflejo de lo que algunos Estados consideran que son los derechos mínimos que fluyen de su soberanía (si no la soberanía territorial) sobre el ciberespacio: es decir, un ciberespacio autónomo, accesible y disponible, libre de interferencias que socavan la integridad del dominio o que causan destrucción" (CHIRCOP, L., *op. cit.*, nota 148, pp. 26-28). Ahora bien, tampoco faltan las voces que se manifiestan en contra de la aplicación de la soberanía en el ciberespacio. Así ocurrió con la *Declaración de Independencia del Ciberespacio*, manifiesto de John P. BARLOW, al señalar que éste no puede estar bajo la soberanía de los Estados: "No ejercéis ninguna soberanía sobre el lugar donde nos reunimos. ( ) Estas medidas cada vez más hostiles y colonialistas nos colocan en la misma situación en la que estuvieron aquellos amantes de la libertad y la autodeterminación que tuvieron que luchar contra la autoridad de un poder lejano e ignorante. Debemos declarar nuestros "yos" virtuales inmunes a vuestra soberanía, aunque continuemos consintiendo vuestro poder sobre nuestros cuerpos. Nos extenderemos a través del planeta para que nadie pueda encarcelar nuestros pensamientos" (disponible en http://www.uhu.es/ramon.correa/nn_tt_edusocial/documentos/docs/declaracion_independencia.pdf).

[196] Algunos Estados. Otros, se han abstenido de realizar comentarios acerca de la naturaleza jurídica de la soberanía territorial en el ciberespacio sin que su silencio pueda ser entendido como acuerdo, desacuerdo o indiferencia (CHIRCOP, L., *op. cit.*, nota 148, p. 28).

en lo que Michael SCHMITT ha denominado una *zona gris* del DI ("principios y normas del Derecho internacional que están mal delimitados o sujetos a interpretaciones contrapuestas")[197].

La postura doctrinal tradicional y mayoritaria ha sido la de considerar la soberanía como una *norma primaria o una regla de DI*, cuyo incumplimiento da lugar a un hecho ilícito[198]. De hecho, la aceptación de la soberanía como norma fue unánime durante los siete años que duraron las deliberaciones con Estados y organizaciones internacionales antes de la publicación del *Manual de Tallín 2.0* en 2017, sin que en ningún caso se llegara a hablar de *oposición* a su consideración como norma[199], señalándose "que la soberanía es la base de una norma primordial del Derecho internacional por la que las operaciones cibernéticas de un Estado pueden violar la soberanía de otro"[200]. Sin embargo,

---

[197]   SCHMITT, M. N., "Grey Zones in the International Law of Cyberspace", *op. cit.*, nota 148, p. 4. En el caso de los Estados miembro de la UE, la consideración de la soberanía como una norma independiente, cuya infracción supondría un hecho internacionalmente ilícito es bastante unánime y refleja la posición común de veintiuno de los Estados europeos.

[198]   GERY, A., "Navigating France's View son Sovereignty in Cyberspace: Why Might France Not be in the "Sovereignty-As-A-Rule" and in the "Pure Sovereignty" Camps", *EJIL: Talk!*, September 19, 2024, disponible en https://www.ejiltalk.org/navigating-frances-views-on-sovereignty-in-cyberspace-why-might-france-not-be-in-the-sovereignty-as-a-rule-and-in-the-pure-sovereignty-camps/.

[199]   "Interestingly, that approach failed to surface during the seven years of deliberations among the Tallinn Manuals experts" (SCHMITT, M. N., "Grey Zones in the International Law of Cyberspace", *op. cit.*, nota 148, pp. 4 y 5).

[200]   SCHMITT, M. N., "Grey Zones in the International Law of Cyberspace", *op. cit.*, nota 148, p. 5. En el mismo sentido, "el derecho de un Estado a tener su territorio libre de interferencias de otros Estados y el deber correspondiente de no interferir con el territorio de otros

"there is insufficient evidence of either state practice or *opinio juris* to support assertions that the principle of sovereignty operates as an independent rule of customary international law that regulates states' actions in cyberspace"[201].

Aquellos que rechazan la aplicación de la soberanía como norma en el ciberespacio entienden que se trata más bien de un *principio fundamental de DI* (soberanía pura) del que emanan normas primarias del DI que dan lugar a otras obligaciones que son las que podrían ser violadas (principio de integridad territorial, principio de no intervención de los asuntos internos o prohibición de la amenaza o uso de la fuerza), de forma que "no existe ninguna prohibición sobre la violación de la soberanía de otro Estado como tal"[202]. Así, "las actividades

---

Estados" (CHIRCOP, L., *op. cit.*, nota 148, p. 7); o "sovereignty is a fundamental principle of international law and is considered a "basic constitutional doctrine of the law of nations". Since at least the Treaty of Westphalia and the creation of the modern nation-state, sovereignty has been understood to encompass two distinct but related aspects—internal and external sovereignty. As a general concept, it refers to "the collection of rights held by a state, first in its capacity as the entity entitled to exercise control over its territory and second in its capacity to act on the international plane, representing that territory and its people" (CRAWFORD, J., *op. cit.*, nota 12, p. 447).

[201] "La legislación y la práctica de los Estados indican que la soberanía es un principio del derecho internacional que orienta las interacciones de los Estados, pero no es en sí misma una norma vinculante que dicte resultados en virtud del Derecho internacional. Si bien este principio de soberanía, incluida la soberanía territorial, debe tenerse en cuenta en la realización de toda operación cibernética, no establece una prohibición absoluta contra las operaciones cibernéticas estatales individuales o colectivas que afecten a los intereses de los Estados (CORN, G. and TAYLOR, R., "Sovereignty in the Age of Cyber", *op. cit.*, nota 157, pp. 208 y 209).

[202] En este sentido, Michael N. SCHMITT ha señalado que la aceptación de la soberanía como principio fundamental, y no como norma de DI, es un argumento novedoso recientemente propuesto por

de un Estado que lleva a cabo operaciones cibernéticas sólo son susceptibles de violar otras normas primarias del derecho internacional, como la no intervención o la prohibición del uso de la fuerza" o la integridad territorial si establecemos una relación directa entre soberanía, ciberespacio y neutralidad (*vid. infra* Capítulo 2, apdo. III) [203]. Y es en este sentido, en el

---

tres altos cargos, a título particular, del Departamento de Defensa de Estados Unidos que ponen en entredicho "que la soberanía sea una norma primaria del derecho internacional, es decir, una norma que pueda ser violada por sí misma. Ahora bien, señala, este enfoque de "soberanía como principio pero no como regla" contradice la amplia práctica de los Estados y la *opinio juris* en el contexto no cibernético, que tratan la prohibición como una regla primaria, de modo que una violación de la soberanía constituiría un hecho internacionalmente ilícito" ("Grey Zones in the International Law of Cyberspace", *op. cit.*, nota 148, pp. 4-7).

[203]   Así, la soberanía territorial no es una norma específica capaz de violarse de forma independiente sino un principio del DI, "del que no resulta ninguna regla, más allá de una intervención prohibida" (*soberanía pura*). Esta es también la interpretación realizada y defendida por Reino Unido (GERY, A., *op. cit.*, nota 198; WRIGHT, J., *Derecho cibernético e internacional en el siglo XXI*, Chatham House, Londres, 2018, disponible en https://www.gov.uk/government/speeches/cyber-and-international-law-in-the-21st-century y OSULA, A-M., KASPER, A. and KAJANDER, A., "EU common position on international law and cyberspace", *Masaryk University Journal of Law and Technology*, vol. 16, núm. 1, 2022, pp. 89-121, pp. 95 y ss., disponible en https://journals.muni.cz/mujlt/article/view/20668/16944). "Reino Unido, el verso suelto" (CERVELL HORTAL, Mª. J., "Ciberinjerencias en procesos electorales y principio de no intervención (una perspectiva internacional y europea)", *op. cit.*, nota 155, pp. 8 y ss.). "Cyber and International Law in the 21st Century", Speech, Attorney-General's Office, 23 May 2018, disponible en https://www.gov.uk/government/speeches/cyber-and-international-law-in-the-21st-century. Para el Reino Unido, los derechos soberanos de los que gozan los Estados con respecto al ciberespacio se limitan a los

que la soberanía es entendida como principio de DI, el que da lugar al

> "hecho de que los Estados hayan desarrollado regímenes muy diferentes para gobernar los dominios aéreo, espacial y marítimo subraya la falacia de una norma universal de soberanía con una aplicación clara al dominio del ciberespacio. El principio de soberanía es universal, pero su aplicación a las particularidades únicas del dominio del ciberespacio queda a discreción de los Estados, que deberán determinarla mediante la práctica estatal y/o el desarrollo de normas convencionales"[204].

No obstante, el debate no ha concluido y lo cierto es que, al margen de la naturaleza de la soberanía en el ciberespacio, teniendo en cuenta la novedad del nuevo ciberdominio, en nuestra opinión, lo más importante serán las consecuencias que se deriven de la práctica estatal, hasta ahora escasa, diversa y cambiante. Y será en el análisis de esa práctica donde, confiamos, se pueda poder poner fin al debate.

Así, una vez resuelta la pregunta preliminar acerca de *si* se puede aplicar la regla de la soberanía territorial al ciberespacio, debemos analizar ahora cómo pueden las operaciones cibernéticas de un Estado quebrantar la soberanía territorial de otro Estado.

---

que se deriven del principio de no intervención y la prohibición del uso de la fuerza (CHIRCOP, L., *op. cit.*, nota 148, p. 28).

[204] CORN, G. and TAYLOR, R., "Sovereignty in the Age of Cyber", *op. cit.*, nota 157, p. 210.

2.2. ¿Cómo pueden las operaciones cibernéticas estatales quebrantar la soberanía territorial de otro Estado en el ciberespacio?

Para dar respuesta a la pregunta planteada acudiremos a lo señalado por el GEI en el *Manual de Tallín 2.0*, cuya Regla 4 (*Violación de la soberanía*) señala que:

> "Un Estado no debe llevar a cabo operaciones cibernéticas que violen la soberanía de otro Estado"[205].

2.2.1. La actividad cibernética como violación de la soberanía estatal

Pero ¿a qué tipo de operaciones cibernéticas se refiere la Regla 4? En primer lugar, debe tratarse de ciberoperaciones entre Estados, esto es, acciones (defensivas u ofensivas) emprendidas por los ciberejércitos estatales o atribuibles a éstos (por su dirección o control contra otros Estados). En este sentido, el GEI acordó que no se aplicaría a las acciones de agentes no estatales, a menos que dichas acciones fueran atribuibles a un Estado[206]. Así, sólo los Estados tienen la obligación de res-

---

[205]   Las operaciones cibernéticas que impidan o desconozcan el ejercicio de las prerrogativas soberanas de otro Estado constituyen una violación de dicha soberanía y están prohibidas por el DI, sin perjuicio de las excepciones previstas o permitidas por el DI: acciones que violan la soberanía estatal pero están autorizadas por el Consejo de Seguridad -Regla 76- o acciones realizadas en ejercicio del derecho de legítima defensa -Regla 71- (SCHMITT, M. N., *Tallin Manual 2.0 on the International Law...*, *op. cit.*, nota 149, p. 17).

[206]   Véase el art. 8 del *Proyecto de Artículos sobre Responsabilidad del Estado por Hechos Internacionalmente Ilícitos*, adoptado por la CDI en su 53ª período de sesiones (A/56/10) y anexado por la AG en su Resolución 56/83, de 12 de diciembre de 2001: "Se considerará hecho del Estado según el Derecho internacional el comportamiento de

petar la soberanía de otros Estados, tal y como lo señaló la CIJ en la Opinión consultiva sobre *Kosovo*[207], y sólo éstos pueden incumplir esa obligación[208].

---

una persona o de un grupo de personas si esa persona o ese grupo de personas actúa de hecho por instrucciones o bajo la dirección o el control de ese Estado al observar su comportamiento". En este mimo sentido lo ha recogido la Regla 17 del *Manual de Tallín 2.0*: "las ciberoperaciones ejecutadas por un actor no estatal se imputan a un Estado cuando: (a) se realizan siguiendo sus instrucciones o bajo su dirección o control, o (b) el Estado reconoce y adopta la operación como propia" (SCHMITT, M. N., *Tallin Manual 2.0 on the International Law...*, *op. cit.*, nota 149, p. 95).

[207] La CIJ señaló que "el alcance del principio de integridad territorial se circunscribe al ámbito de las relaciones entre Estados" (*Conformidad con el Derecho Internacional de la Declaración Unilateral de Independencia relativa Kosovo*, CIJ, Opinión Consultiva, 22 de julio de 2010, *ICJ Reports*, párr. 80).

[208] En el caso en el que una empresa sea objeto de una operación cibernética maliciosa por parte de un Estado, la empresa no viola la soberanía de ese Estado si llevara a cabo una acción ofensiva contra el mismo. E igual ocurre con las operaciones cibernéticas llevadas a cabo por un grupo terrorista cuyo comportamiento no es imputable a un Estado. Lo que no significa que las acciones de los actores no estatales no sean ilícitas y que éstos no estén obligados a respetar la soberanía del Estado objetivo. Éste podrá responder a la operación cibernética con arreglo al DI: el alegato de necesidad -Regla 26-, la legítima defensa -Regla 71- o, incluso, las contramedidas -Regla 20- podrán adoptarse contra otro Estado por no haber cumplido su obligación de diligencia debida con respecto a las acciones de agentes no estatales que operen desde su territorio (SCHMITT, M. N., *Tallin Manual 2.0 on the International Law...*, *op. cit.*, nota 149, pp. 17 y 18). En el mismo sentido, KITTICHAISAREE, Kr., *Public International Law of Cyberspace*, Springer, Switzerland, 2017, p. 196. Pues, como señala el profesor Juan Jorge PIERNAS LÓPEZ, el principio de diligencia debida, a pesar de la *opinio iuris* de algunos Estados (Estados Unidos o Reino Unido) es "una obligación internacional basada en la norma consuetudinaria de aplicación a las actividades que se produzcan en y desde el ciberespacio". Así se ha referido al principio la

En segundo lugar, cuando se lleven a cabo operaciones cibernéticas atribuibles a actores que se encuentren físicamente presentes en el territorio de otro Estado contra ese Estado o entidades o personas ubicadas en él (por ejemplo, si un agente de un Estado utiliza una memoria USB para introducir *malware* en una infraestructura cibernética situada en otro Estado de forma remota), se estará ante una vulneración de la soberanía territorial estatal[209].

En tercer y último lugar, debemos cuestionarnos qué ocurre con las operaciones cibernéticas a distancia que se manifiestan

---

CIJ y la mayoría de Estados ("The international law principle of due diligence and its application to the cyber context", *Anales de Derecho*, vol. 41, 2024, pp. 66-95, pp. 66 y 67, disponible en https://revistas. um.es/analesderecho/article/view/594441/357291). Véase también: LEMNITZER, J. M., "Back to the Toots: The Laws of Neutrality and the Future of Due Diligence in Cyberspace", The *European Journal of International Law*, vol. 33, núm. 3, 2022, pp. 789-819, disponible en http://www.ejil.org/article.php?article=3288&issue=161; TURNS, D., *op. cit.*, nota 14, pp. 380–400; y OSULA, A-M., KASPER, A. and KAJANDER, A., *op. cit.*, nota 203, pp. 99 y ss., señalando que "actualmente no puede deducirse de ellos [Estados de la Unión] ninguna posición común".

[209]   Estaríamos ante un caso de ciberespionaje. Sin embargo, el GEI se mostró dividido sobre el caso único de ciberespionaje -Regla 32- por parte de un Estado que se lleva a cabo estando físicamente presente en el territorio de otro Estado. La mayoría entiende que la actividad viola la soberanía (por ejemplo, si los órganos de un Estado están presentes en el territorio de otro Estado y llevan a cabo ciberespionaje contra él sin su consentimiento u otra justificación legal). Una minoría, que la amplia práctica estatal de realizar espionaje en el territorio del Estado objetivo ha creado una excepción a la premisa generalmente aceptada de que las actividades no consentidas atribuibles a un Estado mientras están físicamente presente en el territorio de otro violan la soberanía (SCHMITT, M. N., *Tallin Manual 2.0 on the International Law...*, *op. cit.*, nota 149, p. 19).

en el territorio de un Estado. El GEI evaluó su legalidad sobre dos bases diferentes:

A) El *grado de violación de la integridad territorial del Estado objetivo del ciberataque.* Éste, a su vez, fue analizado desde el punto de vista de los resultados que podían producirse:

   a) Daño físico, entendiendo la mayoría del GEI que las operaciones cibernéticas constituyen una violación de la soberanía en el caso de que produzcan daños físicos o lesiones (por ejemplo, el uso de *malware* que provoca el mal funcionamiento de los elementos de refrigeración de los equipos, provocando así un sobrecalentamiento que hace que se fundan). En la medida en que la presencia física no consentida en el territorio de otro Estado para llevar a cabo operaciones cibernéticas equivale a una violación de la soberanía, el GEI señaló que las consecuencias físicas causadas por medios remotos en ese territorio constituyen igualmente una violación de la soberanía, siendo ambas conclusiones coherentes con el objeto y fin del principio de soberanía que tiene como objeto proteger la integridad territorial contra la violación física. Incluso, señalaron los Expertos, tales operaciones pueden constituir también una intervención prohibida (Regla 66), un uso ilícito de la fuerza (Regla 68) o un ataque armado (Regla 71). Además, una operación cibernética que da lugar a la reparación o sustitución de componentes materiales de la ciberinfraestructura equivale a una violación porque tales consecuencias son daños físicos (por ejemplo, el virus *Shamoon* que exigió la reparación de miles de discos duros de la empresa petrolera saudí, *Saudi Aramco* en 2012)[210].

b) Junto al daño físico, otro de los resultados puede ser la pérdida de funcionalidad. También la pérdida de funcionalidad de equipos u otros elementos físicos de los que depende la infraestructura supone una violación física del principio de soberanía territorial[211].

c) No hubo consenso acerca de si una operación cibernética que no produzca ni daños físicos ni la pérdida de funcionalidad equivale a una violación de la soberanía. Ahora bien, aquellos miembros del GEI a favor de calificar como una violación de la soberanía las operaciones cibernéticas que no alcancen el um-

---

[210]   Sin embargo, una opinión minoritaria sostiene que los daños o lesiones físicos no son más que uno de los factores pertinentes (no el factor determinante) para evaluar si una operación cibernética constituye una violación de la soberanía pues, en primer lugar, puede haber situaciones que impliquen daños físicos (o pérdida de funcionalidad) o lesiones que no constituyan por sí solas una violación de soberanía; en segundo lugar, además del daño físico, la causa remota de la pérdida de funcionalidad de la infraestructura cibernética situada en otro Estado constituye a veces una violación de la soberanía, aunque no se pudo llegar a un consenso sobre el umbral exacto a partir del cual esto es así debido a la falta de *opinio juris* al respecto (SCHMITT, M. N., *Tallin Manual 2.0 on the International Law...*, *op. cit.*, nota 149, pp. 20 y 21).

[211]   Algunos expertos sugirieron que una operación cibernética que requiere la reinstalación (no un mero reinicio) del sistema operativo u otros datos de los que depende la ciberinfraestructura atacada para llevar a cabo su objetivo se considera una operación que provoca una pérdida de funcionalidad. De hecho, el GEI advirtió que la práctica de los Estados basada en un sentido de obligación legal es necesaria para aclarar plenamente esta cuestión (SCHMITT, M. N., *Tallin Manual 2.0 on the International Law...*, *op. cit.*, nota 149, p. 21).

bral de pérdida de funcionalidad ofrecieron varias posibilidades. Por ejemplo, una operación cibernética que provoque que la infraestructura o los programas cibernéticos funcionen de manera diferente; la alteración o supresión de datos almacenados en ciberinfraestructuras sin causar consecuencias físicas o funcionales; la colocación de un *malware* en un sistema; la instalación de puertas traseras; y causar una pérdida temporal, pero significativa, de la funcionalidad (por ejemplo, una denegación de servicios (DDoS) importante. Parece que, en relación con todos los ejemplos apuntados, la interpretación propuesta sería coherente con el objeto y fin del principio de soberanía que otorga a los Estados el pleno control sobre el acceso y las actividades en su territorio[212].

Junto a lo señalado por los Expertos, también la práctica reciente demuestra una creciente voluntad de los Estados de clasificar *una gama razonablemente amplia de operaciones cibernéticas* como violaciones del DI y de responder de manera proporcional con actos verbales o físicos[213]. Sin embargo, dicha

---

[212] Así, debido a la falta de práctica de los Estados y de *opinio iuris*, por debajo del umbral se encuentra otra zona gris de la aplicación del DI al ciberespacio y es probable que la resolución de este dilema (a través de la práctica de los Estados y la *opinio iuris*) lleve tiempo. Hasta entonces, las operaciones cibernéticas hostiles no lesivas o no destructivas llevadas a cabo en otros sistemas de defensa de los derechos humanos no se consideran ilícitas, beneficiándose el territorio de los Estados de las incertidumbres que rodean al concepto jurídico de violación de la soberanía (SCHMITT, M. N., "Grey Zones in the International Law of Cyberspace", *op. cit.*, nota 148, pp. 6 y 7).

[213] Por ejemplo, en octubre de 2017, Reino Unido declaró que la operación cibernética (que atribuía a Rusia) constituía una "violación flagrante del Derecho internacional" ("Reckless Campaign of Cyber Attacks by Russian Military Intelligence Service Exposed", National

práctica no equivale a una evidencia generalizada, consistente y representativa que haya cristalizado en una norma consuetudinaria, pues las respuestas que ofrecen los Estados no se justifican explícitamente con reglas específicas del DI, ni siquiera en relación con la soberanía territorial por lo que, en relación con la *opinio juris*, son diversas las interpretaciones que pueden hacerse. Pero, además, hay también una ausencia de información pública estatal relativa a las respuestas dadas en relación con las operaciones cibernéticas de baja o moderada intensidad (aquellas que no llegan al umbral mínimo), por lo que tampoco puede llegar a probarse el alcance de la inviolabilidad territorial soberana en relación con estas operaciones[214].

B) La segunda base sobre la que se puede establecer la legalidad (o no) de las operaciones cibernéticas a distancia es *la injerencia o la usurpación de funciones inherentemente gubernamentales de otro Estado*[215] sobre las que el Estado objetivo goza del derecho exclusivo a ejercerlas

---

Cyber Security Centre, 3 October 2018, disponible en https://www.ncsc.gov.uk/news/reckless-campaign-cyber-attacks-russian-military-intelligence-service-exposed).

[214]   CHIRCOP, L., *op. cit.*, nota 148, pp. 26 y 27.

[215]   El GEI no pudo definir *funciones inherentemente gubernamentales* de forma definitiva, pero sí acordó que una operación cibernética que interfiere con datos o servicios que son necesarios para el ejercicio de funciones inherentemente gubernamentales está prohibida por constituir una violación de la soberanía y, en algunos casos, prohibición de intervención -Regla 66-. Equivalen a un *acto iure imperii* en el contexto de la inmunidad de los Estados: la modificación o supresión de datos de forma que interfiera la prestación de servicios sociales, la celebración de elecciones, la recaudación de impuestos, el desarrollo eficaz de la diplomacia y la realización de actividades de defensa nacional. Además, es irrelevante si la función inherentemente gubernamental es desempeñada por el Estado mismo o ha sido privatizada (SCHMITT, M. N., *Tallin Manual 2.0 on the International Law…*, *op. cit.*, nota 149, pp. 20-22).

o a decidir sobre su ejercicio, basándose en el derecho soberano de un Estado a ejercer dentro de su territorio "con exclusión de cualquier otro Estado, las funciones propias de un Estado"[216]. Los Expertos determinaron que se produce una violación de la soberanía cuando la operación cibernética de un Estado (i) *interfiere con* o (ii) *usurpa las* funciones inherentemente gubernamentales de otro Estado, sin importar si se han producido daños físicos, lesiones o pérdida de funcionalidad o si la operación se califica de acuerdo con las posiciones señaladas anteriormente para las operaciones que no dan lugar a una pérdida de funcionalidad[217].

---

[216] Definición de soberanía ofrecida en el laudo del asunto *Isla de Palmas* (*vid. supra* Capítulo 2, apdo. II).

[217] Con respecto a la *usurpación*, un Estado no puede ejercer funciones inherentemente gubernamentales exclusivamente reservadas a otro Estado en el territorio de este último. Por ejemplo, el ejercicio de funciones policiales dentro de las fronteras de otro Estado en ausencia de una ley nacional o consentimiento (Regla 11): un Estado que lleve a cabo una operación policial contra una red de *bots* con el objetivo de obtener pruebas para el enjuiciamiento penal tomando el control de sus servidores de mando y control ubicados en otro Estado sin que éste haya dado su consentimiento (el primero habría vulnerado la soberanía del segundo por usurpación de una función inherentemente gubernamental reservada exclusivamente al Estado territorial en virtud del DI). A diferencia de la usurpación, la *intervención* se refiere al *domaine réservé*, y si bien se solapa en cierta medida con la usurpación, éstos no son idénticos pues, la intervención requiere un elemento de *coerción* (SCHMITT, M. N., *Tallin Manual 2.0 on the International Law...*, *op. cit.*, nota 149, pp. 22-24). El ejemplo por excelencia es la injerencia coercitiva de un Estado en el proceso político interno de otro Estado, por ejemplo, alterando los votos registrados y afectando así a los resultados de unas elecciones. "Aunque la norma de no intervención está firmemente arraigada en el DI, hay una escasez de práctica estatal, por no hablar de *opinio juris*, en relación con los contornos de su aplicabilidad a las actividades cibernéticas. Un mayor desarrollo de cómo se

Aunque el GEI convino en que una violación de la soberanía requiere generalmente que la operación cibernética en cuestión se produzca o se manifieste en infraestructuras en el territorio soberano del Estado afectado,
se mostró dividido sobre si una ciberoperación que
supuestamente viola la soberanía mediante la interferencia o usurpación de una función inherentemente
gubernamental debería hacerlo[218]. Un caso interesante
es el de una operación cibernética por parte de un Esta-

---

aplica la norma de no intervención a las actividades cibernéticas es
fundamental para informar a los responsables políticos sobre las opciones de respuesta disponibles, como las contramedidas" (CORN,
G. and TAYLOR, R, "Sovereignty in the Age of Cyber", *op. cit.*, nota
157, p. 208). Para un análisis sobre injerencias cibernéticas, véase:
CERVELL HORTAL, Mª. J., "Ciberinjerencias en procesos electorales y principio de no intervención (una perspectiva internacional y
europea)", *op. cit.*, nota 155, pp. 1-33.

[218] La mayoría del GEI estuvo de acuerdo en este caso concreto en que
la soberanía se viola con independencia de dónde se produzca o
manifieste la ciberoperación. Para ellos, el factor determinante es
si las actividades interferidas se califican como funciones inherentemente gubernamentales. Por ejemplo, Estonia ha anunciado la
creación de las llamadas "embajadas digitales" que permiten al Estado hacer copias de seguridad de datos gubernamentales críticos en
otros Estados (véase la Regla 39). La interferencia con dichos datos
de manera que afecte al desempeño por Estonia de sus funciones
inherentes al gobierno equivaldría, en opinión de la mayoría, a una
violación de esta Regla, la operación cibernética en cuestión podría violar también la soberanía del Estado en el que se encuentra
la infraestructura sobre la base de que se produce en el territorio
soberano de este último. En cambio, algunos de los Expertos opi-
naron que tales operaciones deben producirse o manifestarse en el
territorio o plataforma soberana de un Estado (Regla 5) para constituir una violación. Razonaron que, de lo contrario, la soberanía,
que por definición es exclusiva de los Estados, al menos dos Estados
estarían implicados por el acto, el del Estado que ejerce la función
inherentemente gubernamental y la del Estado donde se encuentra

do para impedir el acceso, total o parcial, de otro Estado a Internet o para impedir (por ejemplo, filtrando o configurando el tráfico para limitar el ancho de banda) dicho acceso. En algunos casos, esto sería posible, incluso, sin entrar en la infraestructura del Estado objetivo, de forma que una operación de este tipo sólo violaría la soberanía del Estado objetivo en la medida en que se usurpe o interfiera con funciones inherentemente gubernamentales, por ejemplo, los servicios en línea que son necesarios para la prestación de servicios sociales. Sin embargo, los Expertos señalaron que la operación puede violar otras normas del DI, como la prohibición de intervención[219].

En este sentido de interferencia, Luke CHIRCOP señala que continúa siendo objeto de debate el grado de interferencia en que se produce esa violación de la soberanía y también el método para medir la interferencia en el ciberespacio, estableciendo una clasificación (no exhaustiva) de las operaciones cibernéticas de menor a mayor interferencia: 1. Filtración de datos. 2. Inserción de datos. 3. Manipulación de datos. 4. Eliminación de datos. 5. Causando una pérdida temporal de la funcionalidad. 6. Causando una pérdida permanente de la funcionalidad. 7. Causando daños físicos o lesiones[220].

Cabe señalar también, en relación con las operaciones cibernéticas a distancia que lleva a cabo un Estado, que éstas pueden constituir una violación de la soberanía de otro Estado, (i) cualquiera que sea el fundamento de dicha violación y

---

la ciberinfraestructura (SCHMITT, M. N., *Tallin Manual 2.0 on the International Law...*, *op. cit.*, nota 149, p. 23).

[219] Prohibición de la intervención contenida en la Regla 66 (SCHMITT, M. N., *Tallin Manual 2.0 on the International Law...*, *op. cit.*, nota 149, p. 23).

[220] CHIRCOP, L., *op. cit.*, nota 148, pp. 9-11.

(ii) con independencia de que las operaciones se lancen desde el territorio del Estado actuante, el territorio del Estado objetivo, el territorio de un tercer Estado, la alta mar, el espacio aéreo internacional o el espacio ultraterrestre. Así, cualquier daño causado a la infraestructura cibernética a bordo de una plataforma soberana constituye igualmente una violación de la soberanía del Estado objetivo independientemente de dónde se encuentre la plataforma, atendiendo a la Regla 5 del *Manual de Tallín 2.0* relativa a la *Inmunidad soberana e inviolabilidad*[221]. Pero si la operación cibernética de un Estado, diseñada para tener consecuencias que vulneren la soberanía de otro Estado, fracasa (por ejemplo, debido a medidas defensivas eficaces o porque la operación fue defectuosa) no se considera que exista una violación de la soberanía del otro Estado, pues para que una operación cibernética viole la soberanía, deben manifestarse las consecuencias requeridas[222].

---

[221] Regla 5. *Inmunidad soberana e inviolabilidad*. "Toda injerencia de un Estado en una infraestructura cibernética a bordo de una plataforma, dondequiera que se encuentre, que goce de inmunidad soberana constituye una violación de la soberanía". De forma que una infraestructura cibernética situada en alta mar o en el espacio aéreo internacional que no goce de inmunidad soberana o inviolabilidad (ejemplo, una aeronave de propiedad privada que proporciona acceso a Internet) no constituye generalmente una violación de la soberanía porque no está situado en el territorio de un Estado (SCHMITT, M. N., *Tallin Manual 2.0 on the International Law...*, *op. cit.*, nota 149, pp. 27-29).

[222] Los Expertos coincidieron en que una operación cibernética realizada por o atribuible a un Estado que no está destinada a producir consecuencias que violen la soberanía de otro Estado, pero que sin embargo las genera, es una violación de la soberanía. Y, del mismo modo, si un Estado lleva a cabo una operación cibernética contra otro Estado, pero esa operación se extiende inesperadamente a terceros Estados y causa un daño al nivel necesario para calificarlo de violación de la soberanía, se ha violado esta norma frente a esos Estados a pesar del carácter involuntario e imprevisible del daño.

2.2.2. Actividades cibernéticas que, en todo caso, no suponen una violación de la soberanía

En todo caso, no se consideraría una violación de la soberanía, en primer lugar, la actitud de un Estado que consiente las operaciones cibernéticas de otro Estado. Por ejemplo, sería el caso en el que actores no estatales realizan actividades cibernéticas perjudiciales en el territorio de un Estado y si, al no tener la capacidad técnica para poner fin a esas actividades, solicitara la asistencia de otro Estado. Las operaciones cibernéticas subsiguientes del Estado que presta asistencia en el territorio del otro Estado no violarían la soberanía de este último siempre que las operaciones se mantengan dentro del ámbito de su consentimiento[223].

En segundo lugar y en relación con la propaganda, el GEI entendió que su transmisión a otros Estados no constituye, por lo general, una violación de la soberanía. Sin embargo, habrá

La intención no es un elemento constitutivo de una violación de soberanía (SCHMITT, M. N., *Tallin Manual 2.0 on the International Law...*, *op. cit.*, nota 149, p. 24).

[223] Por ejemplo, la OTAN ha establecido un mecanismo mediante el cual los aliados pueden solicitar la asistencia de un "Equipo de Reacción Rápida" de la OTAN, compuesto de expertos en ciberdefensa, para hacer frente a incidentes cibernéticos. Dependiendo de la naturaleza y el alcance precisos de la solicitud, ésta podría servir de base para el consentimiento de las operaciones cibernéticas que el equipo lleve a cabo. El consentimiento también puede establecerse en un tratado permanente. Por ejemplo, si un acuerdo de base autoriza a las fuerzas militares de un Estado remitente a realizar operaciones cibernéticas desde el territorio del Estado receptor, éste no podrá alegar una violación de su soberanía cuando se lleven a cabo dichas operaciones cibernéticas (SCHMITT, M. N., *Tallin Manual 2.0 on the International Law...*, *op. cit.*, nota 149, p. 27).

que estar a la naturaleza de la transmisión de propaganda, pues podría suponer una violación del DI [224].

Por último, tampoco el delito cibernético supone una violación de la soberanía estatal (por ejemplo, el robo de *bitcoins* por un grupo de delincuencia organizada que actúe por su cuenta), excepto que sea cometido por un Estado o atribuible a un Estado[225].

3. ENTONCES, ¿PUEDE UN ESTADO INVOCAR EL PRINCIPIO DE NEUTRALIDAD FRENTE A LAS ACCIONES CIBERNÉTICAS DE OTRO?

Una vez resueltas las cuestiones anteriores (primera, que la regla de la soberanía territorial del DI es aplicable al ciberespacio; segunda, que ciertas operaciones cibernéticas, fundamentalmente aquellas que provocan daños físicos y causan pérdida de funcionalidad, pueden quebrantar la soberanía del Estado en el ciberespacio), debemos preguntarnos ahora si el principio de neutralidad puede ser invocado frente a operaciones ci-

---

[224] Por ejemplo, la propaganda destinada a incitar a los disturbios civiles en otro Estado probablemente violaría la prohibición de intervención (Regla 66). Del mismo modo, la propaganda por un buque en tránsito por el mar territorial hace que el paso no sea inocente (Regla 48) (SCHMITT, M. N., *Tallin Manual 2.0 on the International Law...*, *op. cit.*, nota 149, p. 26).

[225] "Esta excepción está regulada en las Reglas 15 a 18, de forma que si un Estado ordena a un grupo de delincuencia organizada que lleve a cabo una operación DDoS a gran escala contra los servidores de correo gubernamentales de otro Estado que paralice las comunicaciones oficiales por correo electrónico de ese Estado durante un largo período de tiempo, se habrá infringido esta norma porque el acto es atribuible a un Estado e interfiere con una función inherentemente gubernamental" (SCHMITT, M. N., *Tallin Manual 2.0 on the International Law...*, *op. cit.*, nota 149, pp. 26-27).

bernéticas que supongan una violación de la soberanía estatal, bien en tiempos de guerra, bien en tiempos de paz; una cuestión particularmente relevante en la actualidad si tenemos en cuenta las funciones que cumple el principio de neutralidad (*vid. supra* Capítulo 1, apdo. IV)[226].

El ciberespacio, su juventud y sus características propias no lo han puesto fácil[227]. Tengamos en cuenta también que el principio de neutralidad, de gran relevancia política, estratégica e ideológica, se configuró en relación con espacios físicos donde se llevaban a cabo las hostilidades de ahí que, como se ha señalado (*vid. supra* Capítulo 1, apdo. III), la neutralidad fuera objeto de normas específicas. Parece, por tanto, que también la ciberneutralidad deberá adaptarse a las especificidades de un nuevo dominio, el ciberespacio y a los retos que éste plantea[228].

---

[226]   "La distribución mundial de los activos y actividades cibernéticos, así como la dependencia mundial de la infraestructura cibernética, significa que las operaciones cibernéticas de las partes en un conflicto pueden afectar fácilmente a la infraestructura cibernética neutral privada o pública. En consecuencia, la neutralidad es particularmente relevante en los conflictos armados modernos" (SCHMITT, M. N., *Tallin Manual 2.0 on the International Law...*, *op. cit.*, nota 149, pp. 554).

[227]   "El ámbito ciberespacial es nuevo y es esencialmente propio del siglo XXI. Por este motivo, puede razonablemente pensarse que haya una cierta carencia de principios o procedimientos generalmente admisibles en el ámbito de las acciones ofensivas en el ciberespacio derivada precisamente de la juventud de ese ámbito de operación y de la correlativa lógica ausencia de tratados internacionales o de jurisprudencia relevante que guíe a los operadores, al mando, y a sus asesores legales" (DE SALAS CLAVER, *op. cit.*, nota 148, p. 136).

[228]   En este sentido, "el derecho de neutralidad se configuró de una manera que estaba muy en sintonía y dependía de los atributos concretos de los dominios físicos en los que tenían lugar las hostilidades. En consecuencia, los ámbitos terrestre, marítimo y aéreo son objeto de normas de neutralidad específicas. El dominio cibernético también tiene sus propias características únicas. Entre ellas se encuentran la intangibilidad y la falta de manifestaciones físicas

"El derecho de la neutralidad se desarrolló sobre la base de situaciones en las que la entrada o salida del territorio de un Estado neutral es un acto físico. El hecho de que el ciberespacio implique una conectividad mundial independientemente de las fronteras geopolíticas pone en tela de juicio ciertas suposiciones en los que se basa la ley de neutralidad"[229].

Sin embargo, a pesar de las dificultades[230], ha habido voces que se han expresado contundentemente al respecto:

"El principio de neutralidad también es válido para el ciberespacio"[231].

---

significativas, la limitada capacidad de supervisión y aplicación de la ley sobre las actividades que tienen lugar en él y la descentralización deliberada como modelo de gobernanza. Estas características únicas presentan retos inherentes a la hora de intentar aplicar al ciberespacio los marcos legales existentes diseñados para el mundo físico. La ley de neutralidad, con sus numerosas normas específicas de dominio, es un ejemplo destacado a este respecto" (NEUMAN, N., *op. cit.*, nota 5, p. 779).

[229]   SCHMITT, M. N., *Tallin Manual 2.0 on the International Law...*, *op. cit.*, nota 149, p. 554.

[230]   Por ejemplo, aunque los Estados ciberneutrales hayan adoptado medidas, en ocasiones, los propios protocolos de Internet dirigen los ataques a través de cualquier Estado, neutral o no, de forma que el beligerante no puede saberlo o predecirlo; en ocasiones, la identidad o nacionalidad de los beligerantes puede no ser conocida; y es posible que el objetivo de un ataque ni siquiera sepa que está siendo atacado. Además, la mayoría de conflictos cibernéticos que se producen no llegan a alcanzar el nivel de conflicto armado u otro umbral necesario para que se apliquen las normas de DIH (DDoS, ataques de *hackers* o espionaje, entre otros), tal y como ha sido analizado. Incluso, en ataques dirigidos contra la seguridad nacional (Estonia, 2007 y Georgia, 2008), las consecuencias fueron de corto plazo, reversibles y no hubo víctimas (HEALEY, J., *op. cit.*, nota 6, pp. 25 y 26).

[231]   Así de rotundo se mostraba el antiguo embajador suizo en Estados Unidos, Martin DAHINDEN, en la entrevista "Neutralidad y ciberespacio: nuevos retos para Suiza", *Swissinfo.ch*, 6 de abril de 2021. De

Uno de los primeros documentos oficiales en los que se profundizó en relación con la neutralidad y los conflictos cibernéticos fue *An Assessment of International Legal Issues in Information Operations* (Estados Unidos, 1999)[232].

---

igual forma, Andrew CARSWELL, delegado de las fuerzas armadas del CICR, señaló que la aplicación del DIH (que tiene una "cualidad ligeramente mohosa") y, en especial, la neutralidad, podría aplicarse al conflicto cibernético ("Neutrality in Cyberwar," Presentation To The Internet In Bello: Seminar On Cyber War, Ethics & Policy, UC Berkeley School of Law, 2011). En el mismo sentido se ha manifestado el GEI en el *Manual de Tallín 2.0:* "El Grupo Internacional de Expertos acordó por unanimidad que el derecho de neutralidad se aplica a las operaciones cibernéticas" (SCHMITT, M. N., *Tallin Manual 2.0 on the International Law...*, *op. cit.*, nota 149, p. 553). No cabe duda, por lo tanto, de que existe consenso en la aplicación del derecho de la neutralidad en el ciberespacio y, de hecho, ocurre igual cuando el conflicto se produce en o a través del ciberespacio mediante el uso de ciberarmas si pensamos en el ciberespacio como "la 5ª dimensión", que es "común global" y que está compuesto por una estructura o *arquitectura física*, llegando así a reconocerse el derecho a la neutralidad en las hostilidades en el ciberespacio (VON HEINEGG, W. H., "Neutrality in Cyberspace", *op. cit.*, nota 2, p. 37).

Sobre la neutralidad en el ciberespacio, véase, entre otros: KASTENBERG, J. E., "Non-Intervention and Neutrality in Cyberspace: An Emerging Principle in the National Practice of International Law", núm. 64, *The Air Force Law Review*, 2009, pp. 43-64, pp. 56 y ss., disponible en https://core.ac.uk/download/pdf/151610187.pdf; TODD, G. H., "Armed Attack in Cyberspace: Deterring Asymmetric Warfare with an Asymmetric Definition", *The Air Force Law Review*, 2009, pp. 65-102, p. 90, disponible en https://bibliotekanauki.pl/articles/2192188; y WALKER, G. W., *op. cit.*, nota 14, pp. 1182 y ss.

[232] *An Assessment of International Legal Issues in Information Operations*, Department of Defense General Counsel, May 1999, pp. 7 y ss., disponible en https://irp.fas.org/eprint/io-legal.pdf. El documento lleva a cabo un tratamiento del ciberespacio similar a otros dominios teniendo en cuenta otros documentos del Comité Internacional de la Cruz Roja (en adelante, CICR), de acuerdo con las Convenciones

i) "Si una nación neutral permite que sus sistemas de información sean utilizados por las fuerzas militares de uno de los beligerantes, el otro beligerante tiene derecho a exigirle que deje de hacerlo".

ii) "Una Potencia neutral no está llamada a prohibir o restringir [las comunicaciones], siempre que tales facilidades se proporcionen imparcialmente a ambos beligerantes".

iii) "El uso de las redes de comunicaciones de una nación como conducto para un ataque electrónico no sería una violación de su soberanía de la misma manera que lo sería un vuelo a través de su espacio aéreo por una aeronave militar".

iv) "La reacción de las naciones a través de cuyo territorio o sistemas de comunicaciones pueda ser dirigido un mensaje destructivo es menos preocupante".

v) "El Estado de tránsito tendría algo más de derecho a quejarse si el Estado atacante obtuviera una entrada no autorizada en sus sistemas informáticos como parte de la ruta de comunicaciones al ordenador objetivo".

En la actualidad podríamos definir la *ciberneutralidad* como

"el derecho de cualquier nación a mantener relaciones con todas las partes involucradas en un conflicto cibernético"[233].

---

de Ginebra de 1949 y las Convenciones de La Haya, base del DIH (HEALEY, J., *op. cit.*, nota 6, p. 24).

[233] "Cyber neutrality, therefore, is the right of any nation to maintain relations with all parties engaged in a cyber conflict. Under a traditional international law rubric, to remain neutral in a cyber conflict a nation cannot originate a cyber attack, and it also has to take action to prevent a cyber attack from transiting its Internet nodes" (KELSEY, J. T. G., *op. cit.*, nota 166, p. 1444, citado por KORNS, S. W. and KASTENBERG, J. E., "Georgia's Cyber Left Hook," *Parameters*, vol. 38, núm. 4,

Así, cuando los ciberataques se producen, normalmente en el marco de una guerra híbrida (*vid. supra* Capítulo II, apdo. I), un Estado neutral permanente deberá, por un lado, adoptar las medidas necesarias para no entrar en el conflicto pero, por otro lado, las medidas que adopte no deberán apoyar a ninguna de las partes en conflicto, evitando que sus ciberinfraestructuras puedan ser utilizadas por los beligerantes, tanto en tiempos de guerra como en tiempos de paz. Es decir, su neutralidad deberá aplicarse también a las actividades que lleve a cabo en el ciberespacio.

Sin embargo, a pesar de las medidas adoptadas, los Estados ciberneutrales seguirán teniendo derechos y obligaciones, esto es, podrán desarrollar capacidades ciberdefensivas y ciberofensivas sin que ello pueda considerarse, en ningún momento, que atenta contra su *status* de neutralidad[234] (*vid. infra* Capítulo III). Será la soberanía territorial, tal y como se ha analizado, la *lente vital* para el buen funcionamiento del principio de neutralidad en el ciberespacio[235].

2008, pp. 60-76, p. 62, disponible en https://press.armywarcollege.edu/cgi/viewcontent.cgi?article=2455&context=parameters).

[234] STROHMEIER, M., PAVUR, J., MARTINOVIC, I. and LENDERS, V., *op. cit.*, nota 3, p. 3.

[235] "El derecho de la neutralidad, combinado con la doctrina de la soberanía, consagra la inviolabilidad de las naciones neutrales y coloca a los beligerantes bajo la estricta obligación de respetar la soberanía territorial del neutral en el ciberespacio" (TALBOT JENSEN, E., "Sovereignty in the Age of Cyber", *op. cit.*, nota 154, p. 821).

Derechos y deberes de los Estados neutrales y de los Estados beligerantes en el ciberespacio

1. INTRODUCCIÓN

El principio de neutralidad conlleva derechos y deberes no solo para los Estados neutrales que lo adoptan, sino también para los beligerantes, obligados a mostrar su respeto por los Estados que ejercen la neutralidad[236].

Nos proponemos, en este tercer capítulo, presentar y analizar los derechos y obligaciones que asisten a los Estados neutrales y a los Estados beligerantes consagrados en el Derecho consuetudinario, en concreto en las Convenciones V y XIII de La Haya de 1907 y en las *Reglas de la Guerra Aérea de La Haya* de 1923, analizando si es posible su aplicación de forma adaptada al ciberespacio o, incluso, si los Estados neutrales o beligerantes gozan de un estatuto jurídico de neutralidad específico para el nuevo dominio. Por último, examinaremos las consecuencias que les pueda suponer a los Estados ciberneutrales el incumplimiento de las obligaciones derivadas de su estatus de neutralidad.

---

[236] "Estos derechos y obligaciones surgen como consecuencia jurídica de la decisión política de abstenerse de participar en las hostilidades, y no de una actitud o política imparcial hacia los beligerantes" (NASU, H., *op. cit.*, nota 14, p. 3).

2. ESTATUTO JURÍDICO DE LOS ESTADOS NEUTRALES EN EL CIBERESPACIO

Los derechos y deberes que conforman el estatuto jurídico del Estado neutral se encuentran recogidos, como ya se ha señalado, en las Convenciones V y XIII de La Haya de 1907 y en las *Reglas de la Guerra Aérea de La Haya* de 1923. No obstante, existe cierto consenso al afirmar que este estatuto de neutralidad básica de los Estados neutrales, concretamente recogido en el artículo 5.1 del *Convenio V de La Haya*[237], se aplica igualmente a los conflictos cibernéticos[238], lo que es una consecuencia lógica derivada del consenso en la aplicación del principio de neutralidad a las acciones cibernéticas (*vid. supra* Capítulo 2, apdo. III).

---

[237] Art. 5.1: "Una potencia neutral no debe tolerar ninguno de los actos previstos en los artículos 2 a 4", señalando el artículo 2: "Está prohibido a los beligerantes hacer pasar por el territorio de una potencia neutral tropas o convoyes ya de municiones, ya de bastimentos"; art. 3: "Está igualmente prohibido a los beligerantes: (a) Instalar en el territorio de una potencia neutral una estación radiotelegráfica o cualquier aparato con el fin de comunicarse con fuerzas beligerantes terrestres o marítimas; (b) Utilizar cualquier instalación de esa clase establecida por ellos antes de la guerra en el territorio de la potencia neutral para fines exclusivamente militares y que no haya sido puesta al servicio del público"; art. 4: "No se podrán formar Cuerpos de combatientes ni abrir oficinas de alistamiento en el territorio de una potencia neutral en provecho de los beligerantes" (*Convenio V relativo a los derechos y a los deberes de potencias y de las personas neutrales en caso de guerra terrestre*, La Haya, 1907, en vigor desde el 26 de enero de 1910, disponible en http://www.cruzroja.es/principal/documents/1750782/1852386/Convenio_V_de_La_Haya_1907.pdf/f6d887f7-5270-43cd-8ad7-150142a0bbd7).

[238] TALBOT JENSEN, E., "Sovereignty in the Age of Cyber", *op. cit.*, nota 144, p. 826.

2.1. La obligación del Estado neutral de permanecer imparcial en el conflicto

Los Estados neutrales, tanto en el ámbito terrestre, como en los ámbitos aéreo y marítimo, tienen la obligación de "abstenerse de intervenir en el conflicto mediante medidas gubernamentales que supongan una ventaja para alguno de los Estados beligerantes"[239].

En cuanto al nuevo dominio, los Estados ciberneutrales tienen también el deber de permanecer imparciales, sin que puedan participar en actividades cibernéticas que apoyen la acción militar de un beligerante, pero supongan un perjuicio al otro beligerante[240]. Y, además, como veremos a continuación, los Estados neutrales están obligados a adoptar todas las medidas posibles para poner fin al abuso por parte de los Estados beligerantes sobre las ciberinfraestructuras situadas en su territorio o en sus plataformas inmunes soberanas.

---

[239] DIEZ DE VELASCO, M., *op. cit.,* nota 12, pp. 282-940. En el mismo sentido, "la neutralidad en la guerra terrestre exige del neutral que no participe ni directa ni indirectamente en las hostilidades, que se abstenga de prestar ayuda a los beligerantes" (HERRERO DE LA FUENTE, A. A., *op. cit.,* nota 7, p. 123). También, "the law of neutrality provides that the neutral state has the right to remain separate from the hostilities, and not be adversely impacted by such hostilities" (CRAWFORD, "The Temporal and Geographic Reach of International Humanitarian Law", *op. cit.,* nota 12, p. 69).

[240] VON HEINEGG, W. H., "Neutrality in Cyberspace", *op. cit.,* nota 2, p. 37. En general, los Estados neutrales tienen prohibido participar en conflictos armados, cinéticos o cibernéticos (DAHINDEN, M., "Schweizer Neutralität im Zeitalter der cyberkriegsführung", *op. cit.,* nota 49, p. 10). En el mismo sentido, CORDEY, S. and KOHLER, K., *op. cit.,* nota 152, pp. 28 y ss.

2.2. La obligación de impedir la inviolabilidad del territorio del Estado neutral, incluido el espacio aéreo, el espacio marítimo y sus ciberinfraestructuras

Los Estados tienen derecho a la inviolabilidad de su territorio (art. 2.1 de la Carta ONU). Así lo contempla también el artículo 1 del *Convenio V de La Haya* en relación con los Estados neutrales ("el territorio de las potencias neutrales es inviolable"), que tienen prohibido, de forma general, poner su territorio a disposición de los beligerantes o permitir a éstos que lleven a cabo ningún tipo de derecho en él[241]. Más concretamente, estas normas de naturaleza consuetudinaria prohíben a los Estados beligerantes utilizar el territorio del Estado neutral como base de operaciones, refugio o vía de paso cuando se propongan atacar a un tercer Estado, debiendo ser respetado por las partes beligerantes del conflicto (*vid. infra* Capítulo 3, apdo. III)[242].

Por cuanto respecta a los dominios aéreo y marítimo, no nos detendremos mucho en la cuestión, pero sí apuntaremos brevemente que a los Estados neutrales les asisten también derechos y obligaciones en relación con los espacios contenidos

---

[241] Art. 2 del *Convenio V de La Haya*: "Está prohibido a los beligerantes hacer pasar por el territorio de una potencia neutral tropas o convoyes ya de municiones, ya de bastimentos".

[242] HERRERO DE LA FUENTE, A. A., *op. cit.*, nota 7, p. 123. Así, los Estados neutrales "tienen no solo el derecho, sino también el deber de impedir en el ámbito de su soberanía en tierra, mar y aire toda acción de guerra de los beligerantes y, en general, todas aquellas que guarden relación con la guerra" (VERDROSS, A., *op. cit.*, nota 13, p. 459).

en los dominios marítimo[243] y aéreo[244], que deberán ser respe-

---

[243] En cuanto a las reglas relativas a la guerra marítima, estas han sido establecidas por el *Convenio XIII de La Haya sobre los derechos y las obligaciones de las potencias neutrales en la guerra marítima* de 1907, señalando el artículo 1 que "los beligerantes están obligados a respetar los derechos soberanos de las potencias neutrales y a abstenerse, en el territorio o aguas neutrales, de todo acto que constituya, por parte de la potencia que lo tolere, una falta a su neutralidad"; el art. 2: "que todos los actos de hostilidad cometidos por buques de guerra beligerantes en las aguas territoriales de una potencia neutral, inclusive la captura y el ejercicio del derecho de visita, constituyen una violación de la neutralidad y están estrictamente prohibidos"; el artículo 5 señala la prohibición a los beligerantes de "hacer de los puertos o de las aguas neutrales la base de operaciones navales contra sus adversarios, especialmente instalar allí estaciones radiotelegráficas o cualquier otro aparato destinado a servir de medio de comunicación con fuerzas beligerantes terrestres o marítimas"; y el artículo 25 que "una potencia neutral está obligada a ejercer la vigilancia que le permitan los medios de que disponga para impedir en sus puertos, radas y aguas toda violación de las disposiciones precedentes". Además, debemos también tener en cuenta el *Manual de San Remo sobre Derecho Internacional Aplicable a los Conflictos armados en el Mar* de 1994 ("Manual de San Remo sobre el Derecho Internacional aplicable a los Conflictos Armados en el Mar", *Revista Internacional de la Cruz Roja*, núm. 132, 1993, pp. 649-694, disponible en https://international-review.icrc.org/sites/default/files/S0250569X0002481Xa.pdf). El *Manual de San Remo*, elaborado por juristas y expertos navales entre 1994 y 1998, aplica el DI a los conflictos armados en el mar, analizando también las acciones aéreas pues, en la actualidad, es difícil concebir buques sin la presencia de aeronaves. "Aunque el Manual de San Remo no ha concluido en ninguna aseveración sorprendente, es un texto muy válido y concreto a la hora de estudiar el comportamiento de las aeronaves en el ambiente naval" (GUISÁNDEZ GÓMEZ, J., "El derecho en la guerra aérea", *Revista Internacional de la Cruz Roja*, núm. 146, 1998, pp. 377-393, p. 390).

[244] Por cuanto respecta a la guerra aérea, las *Reglas de la Guerra Aérea de La Haya* de 1923 recogen en sus artículos 39 a 48 (Capítulo 4) los

tados por los beligerantes durante el conflicto.

En cuanto al ciberespacio, la Regla 152 del *Manual de Tallín 2.0*, relativa a las *Obligaciones de los neutrales*, recoge el derecho consuetudinario derivado del artículo 5 del *Convenio V de La Haya*, y señala que:

> "Un Estado neutral no puede permitir, a sabiendas, el ejercicio de derechos beligerantes desde ciberinfraestructuras situadas en su territorio o bajo su control exclusivo"[245].

[footnote:]

Deberes de los beligerantes para con los Estados neutrales y deberes de los neutrales para con los Estados beligerantes, señalando en el artículo 42 que "un gobierno neutral deberá emplear los medios de que disponga para impedir la entrada en su jurisdicción de las aeronaves militares beligerantes y obligarles a aterrizar o a amarrar si han entrado en la misma". Igualmente, puede consultarse el citado *Manual de San Remo* (*op. cit.*, nota 243) que, si bien no es vinculante, como ya se ha señalado es un documento de gran aceptación doctrinal. En general, las obligaciones de los neutrales en la guerra aérea recogen la prohibición a los beligerantes en el conflicto de sobrevolar o llevar a cabo ningún tipo de acción bélica en el espacio aéreo de los Estados neutrales.

[245]   A efectos del presente Manual, se entenderá por "ciberinfraestructura neutral" la ciberinfraestructura pública o privada situada en territorio neutral (incluidas las ciberinfraestructuras civiles propiedad de una parte en conflicto o de nacionales de dicha parte) o que tenga la nacionalidad de un Estado neutral (y se encuentre fuera del territorio beligerante). Las ciberinfraestructuras situadas en el territorio de un Estado neutral no sólo están sujetas a la jurisdicción de dicho Estado, sino que también están protegidas por la soberanía territorial de dicho Estado. Se considera de carácter neutral, independientemente de su titularidad pública o privada o de la nacionalidad de los propietarios (siempre que no se utilice para el ejercicio de derechos beligerantes, Regla 153). Mientras que "bajo su control exclusivo" se refiere a una ciberinfraestructura gubernamental no comercial, con independencia de la ubicación de la infraestructura porque la obligación se deriva de su carácter gubernamental (SCHMITT, M. N., *Tallinn Manual 2.0 on the International Law...*, *op. cit.*, nota 149, pp. 555 y 558).

Es decir, un Estado neutral no puede permitir a una parte beligerante que utilice, con fines bélicos, las infraestructuras cibernéticas que se encontraban con anterioridad en su territorio neutral, pero tampoco aquellas que se encuentren bajo su control exclusivo.

La Regla 152 del *Manual de Tallín 2.0* presupone un conocimiento del Estado neutral que puede ser expreso o implícito. Así, un Estado neutral tendrá *conocimiento expreso* (i) si sus órganos han detectado una operación cibernética llevada a cabo por una parte en el conflicto con origen en su territorio o (ii) si la parte agraviada ha informado al Estado neutral de que se ha iniciado una operación cibernética desde su territorio; mientras que el conocimiento será *implícito* en situaciones en las que un Estado debería razonablemente haber tenido conocimiento de la actividad en las circunstancias del caso. En todo caso, la obligación de los Estados neutrales es la de poner fin, por un lado, a la utilización de las ciberinfraestructuras y, por otro, al ejercicio de los derechos de los beligerantes que empleen aquellas infraestructuras[246] cuando tengan conocimiento de los hechos, ya sea implícita o expresamente. ·

---

[246] En este mismo sentido se ha manifestado también la doctrina al señalar que el Estado neutral no puede permitir de forma consciente el ejercicio de actos de guerra cibernética desde una estructura cibernética que se encuentre en su territorio o esté bajo su control exclusivo; prohibición que se aplica tanto a los casos en que los órganos del Estado tienen un conocimiento real o un conocimiento implícito. "Por ejemplo, si el Estado neutral no tiene su propia infraestructura cibernética sofisticada y, por lo tanto, ha contratado a un proveedor comercial, se presumiría que el Estado neutral tiene conocimiento implícito de ese proveedor comercial" (TALBOT JENSEN, E., "Sovereignty in the Age of Cyber", *op. cit.*, nota 144, p. 826). "En consecuencia se prohíbe a un Estado neutral permitir o tolerar el ejercicio de derechos beligerantes desde la infraestructura cibernética situada en su territorio o que se encuentre fuera de él, siempre que el Estado neutral ejerza un control exclusivo sobre

2.2.1. Las comunicaciones inalámbricas y la permisión de las transmisiones hostiles a través de las estructuras cibernéticas: el artículo 8 del Convenio V de La Haya

El artículo 8 del *Convenio V de La Haya* señala[247]:

> "Una potencia neutral no está obligada a impedir o restringir en favor de los beligerantes el uso de los cables telegráficos o telefónicos o de los aparatos de telegrafía sin hilos que sean de su propiedad o de compañías o particulares".

Ahora bien, en el ámbito cibernético, el uso de los cables o de los aparatos sin hilos contemplados en el artículo 8 del *Convenio V de La Haya* pueden dar lugar al mero paso de un *malware* o código malicioso a través de una ciberinfraestructura que, generalmente, está abierta al uso público. Sin embargo, de acuerdo con la Regla 152 del *Manual de Tallín 2.0* (reflejo del artículo 5 de la *Convención V de La Haya*), un Estado neutral estará absolutamente autorizado a defender su territorio respecto de aquellos actos hostiles que utilizan estructuras cibernéticas bajo su control o bien que se encuentren en su

---

ella" (VON HEINEGG, W. H., "Neutrality in Cyberspace", *op. cit.*, nota 2, p. 42).

[247] Además, acordaron que el artículo refleja el derecho internacional consuetudinario. Una minoría de los Expertos limitaría la aplicación del artículo 8 a los artículos a los que se refiere y prohibir el uso de otros medios de cibercomunicación a través de territorio neutral (SCHMITT, M. N., *Tallinn Manual 2.0 on the International Law…*, *op. cit.*, nota 149, p. 557). Eric TALBOT JENSEN sentenció que el artículo 8 del *Convenio V de La Haya* es una excepción a la violación de la neutralidad por parte de los beligerantes ("Sovereignty in the Age of Cyber", *op. cit.*, nota 144, p. 823). En el mismo sentido, "sin embargo, incluso en caso de conflicto armado, no estaría obligado a impedir todo uso (es decir, también civil) de la capacidad de las TIC" (DAHINDEN, M., "Schweizer Neutralität im Zeitalter der cyberkriegsführung", *op. cit.*, nota 49, p. 15).

territorio neutral (*vid. supra* Capítulo 3, apdo. II. 2), pero no estará obligado a defender su territorio del tráfico hostil que simplemente transita por su infraestructura cibernética, pues el mero hecho de que las comunicaciones militares, incluidos los ataques cibernéticos, se hayan transmitido a través de la infraestructura cibernética de un Estado neutral no puede considerarse una violación de las obligaciones neutrales de ese Estado de acuerdo con el artículo 8[248]. Una interpretación válida, quizá, para el dominio terrestre, pero no para el cibernético[249].

Por último, en el caso en el que un Estado neutral imponga restricciones al uso de dichas redes, éstas deberán aplicarse de forma imparcial a todas las partes en conflicto (art. 9 del Convenio V y XIII de La Haya)[250].

---

[248]   TALBOT JENSEN, E., "Sovereignty in the Age of Cyber", *op. cit.,* nota 144, p. 827. Así, lo señala también el *Commentary to the HPCR Manual on International Law Applicable to Air and Missile War-fare:* una actividad cibernética maliciosa dirigida a través de una infraestructura cibernética neutral que sea un componente de, por ejemplo, Internet, no constituiría un ejercicio prohibido de los derechos beligerantes. Por lo tanto, un Estado neutral que permitiera o tolerara tal actividad no violaría sus obligaciones en virtud de la ley de neutralidad (*op. cit.,* nota 108, p. 311).

[249]   Ahora bien, como señala Margarita ROBLES, estamos ante una interpretación, excesivamente apegada al concepto de conflicto físico y no parece que la misma pueda acoger las consecuencias que puede tener el tránsito virtual a través de un espacio neutral en el desarrollo del conflicto ("La posición de Francia sobre el régimen jurídico de las operaciones en el ciberespacio", *Instituto Español de Estudios Estratégicos,* núm. 51, 2020, pp. 848-866, p. 864).

[250]   Art. 9: "Toda medida restrictiva o prohibitiva que adopte una potencia neutral respecto de las materias previstas en los artículos 7 [exportación o tránsito de armas o municiones] y 8 [uso de cables telegráficos o telefónicos] deberá ser imparcialmente aplicada por ella a los beligerantes" (*Convenio V relativo a los derechos y a los deberes de potencias y de las personas neutrales en caso de guerra terrestre,* La Haya, 1907). Art. 9: "Una potencia neutral debe aplicar imparcialmente a

2.2.2. Abogando por un régimen distinto en el ciberespacio cuando se trata de transmisiones cibernéticas hostiles

¿Y si no se adoptara en el ciberespacio esta concepción consuetudinaria del artículo 8 del *Convenio V de La Haya* diseñado para los conflictos terrestres y se impusiera la obligación en el ciberdominio de *impedir o restringir* las transmisiones cibernéticas hostiles, teniendo en cuenta que las características del ciberespacio permiten ciberatacar a través de sus redes? De hecho, algunos manuales militares se refieren expresamente no sólo a la obligación de poner fin a una violación de la neutralidad en curso, sino también al deber de impedir el ejercicio de los derechos beligerantes en territorio neutral.

El resultado sería considerar la transmisión de un ciberataque a través de una infraestructura neutral como un ejercicio hostil de los derechos de beligerancia, de forma que el Estado neutral que lo permitiera o tolerara estaría violando sus obligaciones de neutralidad. Pero, incluso si se adoptara este último enfoque (permisión o tolerancia), las consecuencias serían menos graves de lo que cabría suponer pues, los términos *permitir* o *tolerar* presuponen el *conocimiento expreso* por parte de los órganos del Estado neutral, de acuerdo con la Regla 152 del *Manual de Tallín 2.0*, que habrán detectado actividad cibernética hostil o, incluso, pueden haber sido informados, por ejemplo, por el otro beligerante y de manera suficientemente creíble, de que la actividad se ha originado en la infraestructura cibernética del Estado neutral respectivo o se ha transmitido a través de ella. En esa situación, el conocimiento del Estado neutral sólo dará lugar a una violación del derecho de neutrali-

---

los dos beligerantes las condiciones, restricciones y prohibiciones dictadas por ella sobre admisión en sus puertos, radas o aguas territoriales, de los navíos de guerra beligerantes o de sus presas" (*Convenio XIII de La Haya relativo a los derechos y a los deberes de potencias neutrales en la guerra marítima*, La Haya, 1907).

dad por parte del Estado neutral en el caso de que la actividad cibernética maliciosa se prolongue. Sin embargo, en la mayoría de los casos, los ciberataques se producen a una velocidad considerablemente alta, de modo que el conocimiento *ex-post-facto* difícilmente puede bastar para justificar una violación de la obligación del Estado neutral. E, incluso, si se considerara que el *conocimiento implícito* es suficiente para una violación de dicha obligación, tampoco daría lugar a cambios notables, pues el conocimiento implícito significa que los órganos de un Estado neutral deberían haber tenido conocimiento de la actividad maliciosa, sin que pueda dar lugar necesariamente a una violación de las obligaciones neutrales.

Por otro lado, una cuestión diferente sería si, como resultado de la prohibición de permitir el ejercicio de los derechos de beligerancia (esto es, impedir), se estableciera para los Estados neutrales una *obligación de prevención*: la obligación *de* supervisar activamente las actividades cibernéticas que se originan o transitan a través de su infraestructura cibernética. Se trata de ampliar la obligación de los Estados neutrales de vigilar las infraestructuras cibernéticas situadas en su territorio, al igual que lo hacen con el territorio y determinadas zonas marítimas[251].

---

[251] Tal y como lo establece el *Manual de San Remo*: un "Estado neutral ha de tomar las medidas que sean acordes (...) y que permitan los medios a su disposición, incluidas medidas de vigilancia, para impedir la violación de su neutralidad por fuerzas beligerantes" (*op. cit.*, nota 243, párr. 15, p. 657). Tal obligación sólo existiría con respecto a las actividades dentro del territorio neutral que pudieran asimilarse a las cubiertas por el artículo 8 de la *Convención XIII de La Haya* de 1907. Por ejemplo, las autoridades de un Estado neutral pueden tener conocimiento (real o constructivo) de las actividades de un grupo de piratas informáticos que ha sido empleado por un gobierno beligerante para desarrollar un arma cibernética que se utilizará contra el enemigo. En tal situación, el Estado neutral estaría obligado a tomar todas las medidas posibles para impedir la salida de la

Ahora bien, la obligación de prevención en el ámbito cibernético (aunque deseable) no sería fácil de establecer si tenemos en cuenta, especialmente, a aquellos Estados que defienden la libertad de las comunicaciones por Internet[252]. Además, la identificación de la naturaleza maliciosa de los paquetes de datos que transitan por una red es, en la mayoría de los casos, muy difícil (si no imposible), siendo ésta una de las razones que se alegan para rechazar la obligación de prevención por parte de los Estados neutrales.

2.3. El derecho legítimo a la defensa de su estatus de neutralidad

Un Estado neutral siempre podrá defender militarmente su territorio[253] pues, el hecho de que un Estado sea neutral, no

---

ciberarma de su territorio (jurisdicción)" (VON HEINEGG, W. H., "Neutrality in Cyberspace", *op. cit.*, nota 2, pp. 43 y 44).

252   VON HEINEGG, W. H., "Neutrality in Cyberspace", *op. cit.*, nota 2, pp. 42 y 43.

253   BERMEJO GARCÍA, R. y POZO SERRANO, P., "Heidi en Nueva York: algunos comentarios sobre la adhesión de Suiza a las Naciones Unidas", *op. cit.*, nota 32, p. 116. Así, el Estado neutral tiene "la obligación de no empeñarse en ninguna guerra que no tenga un carácter estrictamente defensivo" (DIEZ DE VELASCO, M., *op. cit.*, nota 12, p. 282). En el mismo sentido, Emily CRAWFORD apunta que no hay una obligación en cuanto a la forma, sino que la obligación existe únicamente en relación con la defensa de su neutralidad. Así, mientras que algunos Estados, como Suiza y Austria, han optado por la neutralidad armada (*armed neutrality*), otros, como Costa Rica, han elegido la neutralidad sin armas (*unarmed neutrality*), disolviendo sus fuerzas armadas ("The Temporal and Geographic Reach of International Humanitarian Law", *op. cit.*, nota 12, p. 70). "Por ejemplo, un Estado neutral invadido por fuerzas militares extranjeras tiene derecho absoluto a defenderse y no perdería su estatus de neutralidad al hacerlo" (STROHMEIER, M., PAVUR, J., MARTINOVIC, I. and LENDERS, V., *op. cit.*, nota 3, p. 3).

significa que esté incapacitado jurídicamente (*vid. supra* Capítulo 1, apdo. I). Así, frente a un ataque, el Estado neutral está obligado a utilizar todos los medios que estén razonablemente a su alcance para poner fin al ejercicio de los derechos beligerantes en su territorio que han causado dicho ataque, incluido su derecho a la legítima defensa[254].

Además, de acuerdo con las disposiciones consuetudinarias[255], las medidas que los Estados neutrales adopten con la finalidad de defender su neutralidad no constituirán un acto hostil (Regla 71)[256].

El derecho de autodefensa del que es titular el Estado neutral es, a su vez, garantía de la credibilidad y previsibilidad de la

---

[254]   "Convencionalmente, a un país neutral se le permitiría una respuesta militar a un ataque militar. Siempre está permitida la legítima defensa, en particular una respuesta directa a un ataque" (STOLZ, M., *op. cit.*, nota 46, p. 488). Así, en cuanto a las medidas que podrá utilizar el Estado neutral para defenderse, "todo dependerá de los medios y capacidades de que disponga, de hecho, el respectivo Estado neutral" (VON HEINEGG, W. H., "Neutrality in Cyberspace", *op. cit.*, nota 2, p. 43).

[255]   El artículo 10 del *Convenio V de La Haya* señala que "no puede considerarse como un acto hostil el hecho de que una potencia neutral rechace, aún por la fuerza, los atentados contra la neutralidad", mientras que el artículo 26 de la *Convención XIII de La Haya* indica que "el ejercicio de los derechos que define la presente Convención por parte de una potencia neutral no puede considerarse jamás como un acto poco amistoso por uno u otro beligerante que haya aceptado los artículos preceptivos".

[256]   SCHMITT, M. N., *Tallinn Manual 2.0 on the International Law...*, *op. cit.*, nota 149, p. 561. En el mismo sentido, Eric TALBOT: "La obligación de una nación neutral de no permitir conscientemente actos de guerra cibernética desde dentro de su territorio lo autoriza a tomar acciones cibernéticas (o acciones cinéticas si es necesario) para evitar dicho uso" ("Sovereignty in the Age of Cyber", *op. cit.*, nota 144, pp. 826 y 827).

neutralidad, pero ¿qué significado tiene cuando estamos ante una ciberguerra?

"Por analogía con la guerra cinética, significa que el Estado neutral está obligado a proteger su infraestructura de tal manera que no pueda ser utilizada por las partes en conflicto. Por lo tanto, un Estado neutral que no se proteja a sí mismo o que no adopte medidas de protección razonables no estaría cumpliendo con las obligaciones de un Estado neutral"[257].

El Estado neutral tendría derecho a llevar a cabo *operaciones defensivas ciberespaciales*, esto es,

"misiones cuyo objeto es la proyección de poder en y a través del ciberespacio extranjero mediante acciones de apoyo de un mando combatiente o de un objetivo nacional. Tal proyección de poder puede limitarse a afectar las capacidades en el ciberespacio del objetivo o crear efectos en el ciberespacio que desencadenen sucesivos efectos en los dominios reales (terrestre, aeroespacial o marítimo) y que afecten a sistemas de armas, comunicaciones, nodos logísticos, u objetivos de alto valor"[258].

Las operaciones defensivas ciberespaciales pueden ser de dos tipos: acciones de respuesta o medidas de defensa interna. Mientras que las del primer tipo, las acciones de respuesta, pueden dar lugar a ataques ciberespaciales y explotación cibe-

---

[257] DAHINDEN, M., "Schweizer Neutralität im Zeitalter der cyberkriegsführung", *op. cit.*, nota 49, p. 11.

[258] DE SALAS CLAVER, J., *op. cit.*, nota 148, p. 147. Estas operaciones ciberofensivas se ejecutan (...) a través de *ataques en el ciberespacio* que son acciones específicas que generan efectos de negación en el ciberespacio (degradación, disrupción o destrucción del objetivo) o manipulación de datos y dan lugar a efectos hostiles en los dominios reales, considerándose a ambos equivalentes a un ataque cinético (*Join Publication 3-12: Cyberspace Operations*, US Joint Chiefs of Staff, 2018, p. GL-4, disponible en https://irp.fas.org/doddir/dod/jp3_12.pdf).

respacial, las medidas de defensa interna únicamente darán lugar a defensa ciberespacial[259].

No obstante, como ya se ha señalado en el apartado anterior, en el ciberdominio es difícil, en ocasiones, que el Estado neutral tenga conocimiento de que se está *abusando* de su estructura ci-

---

[259] (i) Operaciones Ciberespaciales Defensivas-Medidas Defensivas Internas. Aquí las acciones de defensa están autorizadas permanentemente e incluyen reconfirmar o restablecer la seguridad del ciberespacio degradado para garantizar un acceso suficiente para permitir las misiones militares y la redirección, la reconstitución, la restauración o el aislamiento de la Red. Son la mayoría de misiones defensivas e incluyen la búsqueda proactiva y agresiva de amenazas internas avanzadas y/o persistentes, así como las contramedidas y respuestas internas activas utilizadas para eliminar estas amenazas y mitigar sus efectos. (ii) Operaciones Ciberespaciales Defensivas-Acciones de Respuesta. Estas son la forma de misión defensiva en la que se llevan a cabo acciones externas a la red o porción de ciberespacio defendida sin que existan indicadores de compromiso. Se llevan a cabo sin el permiso del propietario del sistema afectado y se realizan normalmente en el ciberespacio extranjero, pudiendo incluir acciones que se eleven al nivel de uso de la fuerza, con daños físicos o destrucción de sistemas enemigos, dependiendo del contexto operativo más amplio, como la existencia o inminencia de hostilidades abiertas, el grado de certeza en la atribución de la amenaza, el daño que la amenaza ha causado o se espera que cause, y consideraciones de política nacional. Estas misiones requieren un orden militar adecuadamente coordinado y una cuidadosa consideración del alcance, reglas del conflicto y objetivos mensurables. (iii) Defensa del Ciberespacio privado y de los socios de la misión. Aquí, las fuerzas militares del ciberespacio se preparan para defender segmentos del ciberespacio cuya seguridad es responsabilidad de los propietarios de los recursos, entre los que se incluyen otros departamentos y organismos del Gobierno, el sector privado y los socios de misión. Este es un objetivo conocido de la actividad ciberespacial maliciosa, por lo que puede ser un componente vital de la garantía de la misión (*Join Publication 3-12: Cyberspace Operations*, US Joint Chiefs of Staff, 2018, pp. GL 4 y II-4-II-5).

bernética, siendo poco útil exigir al Estado neutral que adopte medidas contra el Estado beligerante porque, seguramente, la operación cibernética abusiva ya habría finalizado[260].

En todo caso, el Estado neutral estaría absolutamente autorizado a defender su territorio, bien con operaciones cibernéticas, bien con operaciones cinéticas, mediante la utilización de medidas proporcionadas, incluida la fuerza armada, para impedir o reprimir las violaciones de su neutralidad[261]. Ahora bien, esa defensa de la neutralidad se rige por el principio de neutralidad, de forma que los Estados que lleven a cabo tales acciones sólo deben hacerlo para restablecer su integridad territorial y su neutralidad, evitando adoptar medidas adicionales que conviertan su acción defensiva en un acto de beligerancia que dé lugar a su participación en las hostilidades, en cuyo caso sus actos pasarían a estar bajo el paraguas del DIH[262].

---

[260] De ahí que (*vid. supra*, Capítulo 3, apdo., II. 2. 2.2) algunos autores consideren insuficiente la limitación a las actividades cibernéticas (maliciosas) en curso y afirmen que un Estado neutral también está obligado a tomar todas las medidas posibles para *impedir* el ejercicio de los derechos beligerantes, es decir, antes de que se produzca [obligación de prevención] (VON HEINEGG, W. H., "Neutrality in Cyberspace", *op. cit.*, nota 2, p. 44).

[261] CRAWFORD, E., "The Temporal and Geographic Reach of International Humanitarian Law", *op. cit.*, nota 12, p. 70. Así se reconoció en la sentencia del Tribunal Arbitral Mixto germano-griego, de 1 de diciembre de 1927 (asunto *Hermanos Coënca*) e, incluso, el propio Tribunal Militar de Núremberg que "reconoció a los beligerantes el derecho de adoptar medidas de autotutela en territorio neutral ante un ataque inminente del adversario a este territorio, siempre que se den las condiciones de la autotutela jurídico-internacional" (NOVAK, F., *op. cit.*, nota 29, p. 101).

[262] CRAWFORD, E., "The Temporal and Geographic Reach of International Humanitarian Law", *op. cit.*, nota 12, p. 70. "Esto lleva a la delicada cuestión de hasta qué punto el propio Estado neutral debería tener capacidades cibernéticas ofensivas para poder actuar de

2.4. La prohibición de exportar o proporcionar apoyo militar a los beligerantes

El Derecho consuetudinario prohíbe a los Estados neutrales "apoyar directa o indirectamente a los beligerantes en todos los asuntos que *afectan a la guerra*, por lo que no pueden poner a su disposición tropas, material de guerra o dinero"[263].

---

forma preventiva. Desde el punto de vista de la política de neutralidad, puede ser necesaria la moderación. Sin embargo, existen al menos dos argumentos a favor de una cibercapacidad ofensiva. En primer lugar, es difícil imaginar que puedan establecerse medidas de protección eficaces contra los ciberataques sin disponer de las capacidades correspondientes. En segundo lugar, el Estado neutral no puede descartar la posibilidad de ser atacado él mismo y querer hacer uso de su derecho a la legítima defensa en virtud del artículo 51 de la Carta de la ONU" (DAHINDEN, M., "Schweizer Neutralität im Zeitalter der cyberkriegsführung", *op. cit.*, nota 49, p. 12). Si bien, existen otras dificultades añadidas, pues "en el ciberespacio la autoría de los ciberataques se desdibuja fácilmente. Los Estados pueden negar de manera plausible que hayan sido los autores de un ataque, por lo que la atribución de un ataque sigue siendo una cuestión de especulación más o menos sustancial. Por tanto, una respuesta directa a un ciberataque mediante un contraataque no es una solución recomendable" (STOLZ, M., *op. cit.*, nota 46, p. 488). Véase también PANGRAZZI, S., "Self-Defence against Cyberattacks? Digital and Kinetic Defence in Light of Article 51 UN-Charter", *ICT-4Peace Publishing*, 2021, pp. 1-22, disponible en https://ict4peace. org/wp-content/uploads/2021/03/ICT4Peace-2021-Cyberattacks-and-Article51-1.pdf.

[263] VERDROSS, A., *op. cit.*, nota 13, p. 458. En este sentido, el artículo 6 del *Convenio XIII de La Haya sobre neutralidad marítima*, al prohibir la entrega directa o indirecta, por cualquier título que sea, de barcos de guerra, municiones y otro material bélico de cualquier género por una potencia neutral a un beligerante.

Sin embargo, de acuerdo con el artículo 7 de la Convención V y XIII de La Haya[264], los Estados neutrales no están obligados a impedir suministros *privados* a los beligerantes[265]. Y, en

---

[264] Art. 7 del *Convenio XIII de La Haya:* "una potencia neutral no está obligada a impedir, en beneficio de uno u otro de los beligerantes, la exportación o el tránsito de armas, municiones y, en general, de todo aquello que pueda ser útil a un ejército o una escuadra"; y art. 7 del *Convenio XIII de La Haya:* "una potencia neutral no está obligada a impedir la exportación o tránsito, por cuenta de uno u otro de los beligerantes de armas, municiones y en general de todo lo que pueda ser útil a un ejército o una flota".

[265] Es decir, "no existe, en cambio, una obligación *general* de impedir también las acciones llevadas a cabo en territorio neutral por *personas privadas* en favor de uno u otro beligerante. El principio fundamental que inspira esta regla es el de que el comercio y tráfico privados han de verse trastornados lo menos posible por la guerra" (VERDROSS, A., *op. cit.,* nota 13, pp. 458 y 463 y 464). "Sin embargo, las empresas que se encuentren en su territorio podrán comerciar libremente con los Estados en guerra; una libertad de comercio que incluye el comercio de munición, armas y cualquier otro material militar" (véase BERMEJO GARCÍA, R. y POZO SERRANO, P., "Heidi en Nueva York: algunos comentarios sobre la adhesión de Suiza a las Naciones Unidas", *op. cit.,* nota 32, p. 116). Históricamente, el comercio había sido siempre fuente de conflicto entre los beligerantes (que intentaban dañar económicamente al enemigo) y los neutrales (que reclamaban libertad para establecer relaciones económicas con todos los Estados). Finalmente, se resolvieron mediante los compromisos recogidos en el *Consulado del Mar* del S. XIII o las *Reglas de Utrecht* de 1713, esto es, normas acerca de la posibilidad de confiscar las mercancías neutrales en un barco enemigo o mercancías enemigas en un barco neutral. "Sin embargo, cuando la Declaración de París de 1856 señaló que "el pabellón neutral cubre la mercancía enemiga, salvo que constituya contrabando de guerra" (art. 2), esto es, "que la mercancía destinada al enemigo embarcada en un buque neutral no es confiscable salvo que se trate de contrabando de guerra y así se recogió también en la Declaración de Londres de 1909 que distinguió entre contrabando absoluto y contrabando condicional". Ahora bien, de poco sirvió la

el caso de que el Estado neutral impusiera limitaciones o condiciones al comercio de armas, de municiones o de cualquier otro producto que se considere útil a un ejército, el artículo 9 del *Convenio V de La Haya* señala que el Estado neutral deberá establecer dichos límites o condiciones a todas las partes en el conflicto por igual, prohibiéndose la discriminación en su trato con los beligerantes[266]. Tal y como se ha señalado también para el artículo 8. Únicos dos casos (art. 8 y art. 9) en los que el Estado neutral tiene el deber de ser imparcialidad.

---

distinción pues la práctica de los Estados beligerantes, ya desde la Primera Guerra Mundial, consistió en incluir en "las listas de contrabando absoluto artículos que hasta entonces solo aparecían en las de contrabando relativo o cuyo comercio era considerado libre, y en las listas de contrabando condicional, prácticamente todo lo que podía ser objeto de comercio, de forma que (...) a finales de 1928 solo quedaban en la lista los artículos de moda, los objetos de arte y los juguetes" (NOVAK, F., *op. cit.*, nota 29, pp. 98 y 101; y GAVOUNELI, M., *op. cit.*, nota 55, p. 269). "Este ha sido el caballo de batalla de la neutralidad: La conciliación de los intereses de los beligerantes y de los neutrales. Estos, deseosos de mantener durante la guerra relaciones comerciales con los demás neutrales y con los beligerantes, y aquellos, tratando de que el enemigo no se beneficie de ello" (HERRERO DE LA FUENTE, A. A., *op. cit.*, nota 7, p. 123).

[266]   Art. 9: "Toda medida restrictiva o prohibitiva que adopte una potencia neutral respecto de las materias previstas en los artículos 7 [exportación o tránsito de armas o municiones] y 8 [uso de cables telegráficos o telefónicos] deberá ser imparcialmente aplicada por ella a los beligerantes" *(Convenio V relativo a los derechos y a los deberes de potencias y de las personas neutrales en caso de guerra terrestre,* La Haya, 1907). Véase BERMEJO GARCÍA, R. y POZO SERRANO, P., "Heidi en Nueva York: algunos comentarios sobre la adhesión de suiza a las Naciones Unidas", *op. cit.*, nota 32, p. 116. En este sentido, "Lo que el derecho de la neutralidad prohíbe a los neutrales es promulgar *prohibiciones de exportación unilateral* u otros *actos de autoridad discriminatorios*" (VERDROSS, A., *op. cit.*, nota 13, p. 466).

Ahora bien, en relación con el ciberespacio, se plantea aquí la cuestión de cómo debe tratarse la exportación de bienes y tecnologías destinados a la ciberguerra, pues los utilizados para la ciberguerra son, en gran medida, bienes de doble uso, esto es, que pueden utilizarse para fines civiles, pero también para fines militares. Tienen, de hecho, características similares a los bienes de doble uso empleados en la tecnología de misiles o en los sectores nuclear, biológico y químico, donde existen regímenes internacionales de control de las exportaciones[267]. Sin embargo, no existe un régimen de control de este tipo para el sector cibernético y algunos Estados, como Suiza, han apostado por el establecimiento de *medidas multilaterales de control* contra la proliferación de bienes de doble uso. Ahora bien, a pesar de que algunos dispositivos y tecnologías están controlados en el marco del *Acuerdo de Wassenaar*[268], hay pocas perspectivas de que se establezcan controles multilaterales eficaces de las exportaciones en este u otro marco en un futuro previsible[269].

---

[267] Véase, CHINCHILLA ADELL, M., "El uso del ciberespacio para el control de armamento químico. El estatus jurídico de la tecnología *Blockchain* y sus beneficios", en CERVELL HORTAL, Mª. J. y PIERNAS LÓPEZ, J. J., *Hacia una regulación internacional para el ciberespacio*, Aranzadi, 2023, pp. 159-194.

[268] Es el primer acuerdo global multilateral sobre control de exportaciones de armas convencionales y bienes y tecnología de doble uso establecido para contribuir a la seguridad y a la estabilidad en el ámbito regional e internacional, mediante la promoción de la transparencia y la responsabilidad (*The Wassenaar Arrangement*, 1996, disponible en https://www.wassenaar.org/es/about-us/).

[269] "Es probable que EE.UU., China y la UE introduzcan controles unilaterales y presionen a terceros países como Suiza, lo que podría ser delicado en términos de política de neutralidad y, en caso de conflicto, de derecho de neutralidad" (DAHINDEN, M., "Schweizer Neutralität im Zeitalter der cyberkriegsführung", *op. cit.*, nota 49, p. 13).

2.5. *El derecho de cooperación en los ámbitos de protección y defensa*

A los Estados neutrales se les permite cooperar con otros Estados en la protección y la defensa si bien, teniendo en cuenta que estamos ante un área sensible, podría dar lugar a cierta falta de credibilidad en relación con el *status* neutral del Estado en caso de conflicto.

En todo caso, la acción de unirse a otro (u otros Estados) en alianza defensiva o en intercambio de experiencias, cooperación en materia de formación o armamento sí es compatible con el *status* de neutralidad[270], tal y como el Grupo de Expertos Gubernamentales sobre los Avances en la Información y las Telecomunicaciones en el Contexto de la Seguridad Internacional de la Asamblea General de la ONU ya recomendó en 2015:

> "Ampliar y apoyar las prácticas de cooperación entre los equipos de respuesta a emergencias informáticas y los equipos de respuesta a incidentes de seguridad informática, según proceda, como el intercambio de información sobre las vulnerabilidades, las pautas de ataque y las mejores prácticas para mitigar los ataques, incluida la coordinación de las respuestas, la organización de simulacros, el apoyo a la gestión de incidentes relacionados con las TIC y la mejora de las prácticas de cooperación regionales y sectoriales"[271].

Sin embargo, deberíamos preguntarnos qué forma de cooperación específica estaría permitida para que ésta no creara

---

[270] DAHINDEN, M., "Schweizer Neutralität im Zeitalter der cyberkriegsführung", *op. cit.*, nota 49, p. 10.

[271] En definitiva, que aquellos Estados cuyas infraestructuras estuvieran expuestas a ciberataques pudieran recibir apoyo (*Report of the Group of Governmental Experts on Developments in the Field of Information and Telecommunications in the Context of International Security*, UN General Assembly, 22 July 2015, UN Doc. A/70/174 (UN GGE *Report* 2015), p. 13).

ningún tipo de duda acerca del *status* de neutralidad de ese Estado en particular: ¿dónde se establece el límite de dicha cooperación? ¿cuándo se considera un apoyo que podría cuestionar la neutralidad y, por lo tanto, sería inadmisible y cuándo se consideraría inofensivo como, por ejemplo, la ayuda humanitaria? Estamos ante un ámbito delicado dónde los Estados no han establecido aún la suficiente práctica.

3. ESTATUTO JURÍDICO DE LOS ESTADOS BELIGERANTES EN EL CIBERESPACIO

El ejercicio del derecho de neutralidad por un Estado también supone derechos y obligaciones para los Estados beligerantes. En general, "el derecho de la neutralidad acentúa con respecto a los Estados beligerantes el deber, ya establecido por el derecho de la paz, de respetar la soberanía territorial de los demás Estados"[272].

3.1. Introducción

El estatuto jurídico de los Estados beligerantes está compuesto por una serie de derechos y de obligaciones. En cuanto a los primeros, los Estados beligerantes pueden:

i) adoptar contramedidas para remediar las violaciones de la neutralidad que, de acuerdo con el DI clásico, incluían el uso de la fuerza armada y

ii) en el mar, registrar buques neutrales para ver si llevan contrabando de guerra, esto es, mercancías que contribuyen al esfuerzo beligerante.

---

[272] VERDROSS, A., *op. cit.*, nota 13, p. 456.

En cuanto a sus obligaciones, en general, de acuerdo con el artículo 1 del *Convenio XIII de La Haya*[273], los Estados beligerantes tienen que respetar los derechos soberanos del Estado neutral y, de forma específica, los Estados beligerantes se encuentran obligados en relación con el territorio de los Estados neutrales, incluido el espacio aéreo, de forma que tienen prohibido:

i) realizar operaciones militares en territorio neutral, esto es, la obligación de respetar la inviolabilidad del territorio de los Estados neutrales (art. 1 del *Convenio V de La Haya*);

ii) desplazar sus tropas o convoyes con municiones o suministros por el territorio de los Estados neutrales (art. 2 del *Convenio V de La Haya*); y

iii) establecer estaciones telegráficas u otros aparatos en territorio neutral o en aguas neutrales con el fin de comunicarse con las fuerzas beligerantes en tierra o mar (art. 3 del *Convenio V de La Haya*)[274].

Por cuanto respecta a los derechos en el ámbito marítimo, los buques beligerantes pueden, con determinados límites, atravesar las aguas territoriales de un Estado neutral[275] mientras que, en el ámbito aéreo, los beligerantes tienen prohibido penetrar con sus aeronaves militares en la jurisdicción de un

---

[273] Art. 1 del *Convenio XIII de La Haya*: "Los beligerantes están obligados a respetar los derechos soberanos de las potencias neutrales y a abstenerse, en el territorio o aguas neutrales, de todo acto que constituya, por parte de la potencia que lo tolere, una falta a su neutralidad".

[274] Art. 3 del *Convenio V de La Haya* y art. 5 del *Convenio XIII de La Haya*.

[275] Art. 10: "La neutralidad de una potencia no queda comprometida por el simple hecho de que por sus aguas territoriales pasen navíos de guerra o presas de los beligerantes" (*Convención XIII de La Haya*).

Estado neutral y el resto de aeronaves dependerá de la regulación interna del Estado neutral[276].

3.2. Las obligaciones del Estado beligerante en el ciberespacio

El término *ejercicio de derechos beligerantes* ha sido sinónimo de los términos *acto hostil* en el *Convenio V de La Haya* (art. 10) y *acto de hostilidad* en el *Convenio XIII de La Haya* (art. 2). El GEI del *Manual de Tallín 2.0* decidió utilizar "derechos de beligerancia" para evitar la confusión con el término "acto hostil". Así, el ejercicio de los derechos beligerantes debe entenderse en el sentido más amplio como las acciones que una parte en conflicto tiene derecho a realizar, incluidas las operaciones cibernéticas[277].

Como ya se ha señalado, los beligerantes están obligados a respetar la inviolabilidad el territorio neutral (artículo 1 del *Convenio V de La Haya*), teniendo prohibido llevar a cabo hostilidades, ejercer derechos beligerantes o establecer bases de

---

276   Art. 12 ("En tiempos de guerra, todo Estado beligerante o neutral puede prohibir o reglamentar la entrada, los movimientos o la estancia de las aeronaves en su jurisdicción"), art. 39 ("Las aeronaves beligerantes están obligadas a respetar los derechos de las Potencias neutrales y a abstenerse, en la jurisdicción de un Estado neutral, de cualquier acto que sea deber de ese Estado impedir") y art. 40 ("Se prohíbe a las aeronaves militares beligerantes entrar en la jurisdicción de un Estado neutral") de las *Reglas de la guerra aérea*, La Haya de 1922.

277   SCHMITT, M. N., *Tallinn Manual 2.0 on the International Law...*, *op. cit.*, nota 149, pp. 554 y 555. En este sentido, se entiende por derechos de beligerancia, no solamente los ataques cibernéticos, sino también "todas las medidas que un beligerante tiene derecho a adoptar en virtud del derecho de los conflictos armados contra el beligerante enemigo, los nacionales enemigos o los nacionales de Estados neutrales ["detention, requisitions, capture and interception"]" (VON HEINEGG, W. H., "Neutrality in Cyberspace", *op. cit.*, nota 2, p. 39).

operaciones en territorio neutral. Así, teniendo en cuenta estas premisas

> "el punto de partida para analizar las obligaciones de los beligerantes con respecto a las actividades cibernéticas bajo la ley de neutralidad es la premisa básica de que a los beligerantes se les prohíbe realizar operaciones cibernéticas contra un enemigo desde dentro de territorio neutral"[278].

Veamos, a continuación, aquellas obligaciones consuetudinarias[279] de los Estados beligerantes que tienen aplicación, previa adaptación, en el ciberespacio.

3.2.1. Prohibición de transmitir armas cibernéticas por el territorio del Estado neutral

El artículo 2 de la *Convención V de La Haya* prohíbe a los beligerantes "hacer pasar por el territorio de una potencia neutral tropas o convoyes ya de municiones, ya sea de bastimentos".

En este mismo sentido, la mayoría del Grupo de Expertos del *Manual de Tallín 2.0* adoptó la posición de prohibir la transmisión de armas cibernéticas a través de las ciberinfraestructuras situadas en el Estado neutral. Además, teniendo en cuenta que los programas maliciosos pueden dividirse en paquetes cuando se transmiten, éstos no vieron ninguna razón para diferenciar entre la transmisión de un arma cibernética completa o un arma cibernética en paquetes, pues la simple transmisión

---

[278]   TALBOT JENSEN, E., "Sovereignty in the Age of Cyber", *op. cit.*, nota 144, pp. 824 y 825.

[279]   Estas obligaciones se establecen en tratados internacionales y han adquirido naturaleza consuetudinaria: arts. 1, 2 y 3 del *Convenio V de La Haya* y arts. 1, 2 y 5 del *Convenio XIII de La Haya* (VON HEINEGG, W. H., "Neutrality in Cyberspace", *op. cit.*, nota 2, p. 38).

de los componentes individuales de un arma tradicional ya violaría la neutralidad.

Ahora bien, la obligación del Estado neutral de tomar medidas para impedir dicha transmisión sólo se produciría cuando el Estado neutral tuviera conocimiento, expreso o implícito, de la transmisión y poder adoptar medidas para ponerle fin, de acuerdo con la Regla 152 (*vid. supra* Capítulo 3, apdo. II. 2).

3.2.2. Prohibición de realizar operaciones contra la ciberinfraestructura neutral

El *Manual de Tallín 2.0,* en la Regla 150 relativa a la *Protección de la ciberinfraestructura neutral,* señala:

> "Se prohíbe el ejercicio de derechos beligerantes por medios cibernéticos dirigidos contra ciberinfraestructuras neutrales"[280].

Así, las ciberinfraestructuras neutrales situadas físicamente en el espacio aéreo internacional, en alta mar o en el espacio ultraterrestre están protegidas en virtud de la nacionalidad de la soberanía del Estado (*vid. supra* Capítulo 2, apdo. II. 1), señalando el GEI que el término "dirigida contra" se refiere a una operación destinada a *afectar* negativamente a la ciberinfraestructura neutral.

---

[280] SCHMITT, M. N., *Tallinn Manual 2.0 on the International Law…, op. cit.,* nota 149, pp. 553 y 554.

3.2.3. Prohibición de utilizar y de interferir perjudicialmente en la ciberinfraestructura neutral

Por su parte, la Regla 151 del *Manual de Tallín 2.0*, sobre las *Ciberoperaciones en territorio neutral*[281], regula aquellas operaciones que interfieren perjudicialmente en las ciberinfraestructuras o las utilicen para operaciones contra el enemigo:

> "El ejercicio de derechos beligerantes por medios cibernéticos en territorio neutral está prohibido"[282].

Así, se prohíbe a las fuerzas armadas de una parte en el conflicto realizar operaciones cibernéticas desde territorio neutral, incluyendo el control a distancia de las ciberinfraestructuras neutrales y su utilización para dichos fines[283] y, si bien las

---

[281]   El GEI se enfrentó a la situación en la que un ciberataque contra un objetivo militar en territorio beligerante tiene efectos indirectos en territorio neutral (ej. un ciberataque a un servidor en territorio beligerante podría afectar significativamente a los servicios en territorio neutral) y los expertos coincidieron en que, si tales efectos no son previsibles, el ataque no viola la ley de neutralidad. En cuanto a los efectos previsibles, el GEI señaló que el derecho de neutralidad trata de equilibrar el derecho de los beligerantes a llevar a cabo operaciones militares con eficacia y el derecho de los Estados neutrales a no verse afectados por el conflicto, debiendo cada caso evaluarse de forma individual (SCHMITT, M. N., *Tallinn Manual 2.0 on the International...*, *op. cit.*, nota 149, pp. 555 y 556).

[282]   De este modo, mientras que la Regla 150 se refiere a operaciones contra ciberinfraestructuras situadas· en el Estado neutral, la Regla 151 trata del uso de tales infraestructuras en territorio neutral por parte de un beligerante (SCHMITT, M. N., *Tallinn Manual 2.0 on the International Law...*, *op. cit.*, nota 149, p. 556).

[283]   Ahora bien, la Regla 151 no se aplica a los particulares (incluidos los civiles que participen directamente en las hostilidades, como se indica en la Regla 97), entidades o grupos, a menos que su conducta sea atribuible (Reglas 15 y 17) a una parte en un conflicto armado internacional (SCHMITT, M. N., *Tallinn Manual 2.0 on the Internatio-*

Reglas 150 y 151 sólo se refieren al ejercicio de los derechos beligerantes en territorio neutral, también constituye una violación del principio de neutralidad utilizar una ciberinfraestructura gubernamental neutral no comercial que esté situada fuera del territorio del Estado neutral (pero no dentro de territorio beligerante) para fines beligerantes[284].

Por un lado, las ciberinfraestructuras que se encuentran situadas en el Estado neutral están protegidas contra cualquier tipo de interferencia que las perjudique y provengan de los Estados beligerantes, (i) independientemente de la propiedad o utilización exclusiva de la misma por el Estado, empresas o particulares, e (ii) independientemente de la nacionalidad del propietario. Además, dicha protección se aplica a todas las ciberinfraestructuras situadas en buques y aeronaves de Estados neutrales o en sus locales diplomáticos, atendiendo al principio de inmunidad soberana. Entendemos por interferencia perjudicial en las ciberinfraestructuras neutrales no solo los ciberataques ("operaciones cibernéticas que causan o espera que se causen daños, destrucción, muerte o lesiones") sino también cualquier actividad, cinética o cibernética, que "tengan un impacto negativo en la funcionalidad o hagan imposible su uso". Por el contrario, no se considera una interferencia perjudicial

---

nal Law aplicable..., *op. cit.*, nota 149, p. 556). Sobre los nuevos actores cibernéticos, véase VÁZQUEZ SERRANO, I., "Rusia-Ucrania: ¿la primera ciberguerra global? De ciberejércitos y *hackers*", *op. cit*, nota 155.

[284]   Por ejemplo, está prohibido dirigir comunicaciones militares a través de cibersistemas a bordo de buques o aeronaves de un Estado neutral porque esas plataformas gozan de inmunidad soberana -Regla 5- (SCHMITT, M. N., *Tallinn Manual 2.0 on the International Law aplicable...*, *op. cit.*, nota 149, p. 556).

en la ciberinfraestructura del Estado neutral la mera intrusión, porque el DI no prohíbe el espionaje[285].

Por otro lado, los beligerantes tienen también prohibido *utilizar* las ciberinfraestructuras de los Estados neutrales o sus infraestructuras situadas en territorio neutral, siendo indiferente que la ciberinfraestructura haya sido establecida antes o después del inicio del conflicto armado internacional, con el fin de ejercer sus derechos de beligerancia contra el enemigo o contra terceros Estados[286]. Utilizar la infraestructura cibernética incluiría acciones como iniciar o facilitar un ataque dentro de territorio neutral[287]. Sin embargo, no se incluye como uso el mero paso de un *malware* o código malicioso a través de una in-

---

[285] Así lo ha señalado también el *Manual de Tallín 2.0* al indicar que también está prohibido "the use of the use of network-based capabilities […] to disrupt, deny, degrade, manipulate, or destroy information resident in computers and computer networks, or the computers and networks themselves" [de un Estado neutral] (SCHAAP, A. J., 'Cyber Warfare Operations: Development and Use under International Law', *Air Force Law Review*, núm. 64, 2009, pp. 121-173, p. 127). Véase también VON HEINEGG, W. H., "Neutrality in Cyberspace", *op. cit.*, nota 2, pp. 38 y 39.

[286] VON HEINEGG, W. H., "Neutrality in Cyberspace", *op. cit.*, nota 2, pp. 39 y 40. Prohibición que es coherente con las finalidades que se analizaron del principio de neutralidad, en concreto, con la posibilidad de evitar una escalada del conflicto armado internacional (*vid. supra*, Capítulo 1, apdo. IV).

[287] Al establecer qué acciones pueden estar comprendidas en el verbo "utilizar", nos encontramos ante una versión moderna de las prohibiciones específicas discutidas anteriormente del artículo 3 (b) del *Convenio V de La Haya*: "(b) Utilizar cualquier instalación de este tipo establecida por ellos antes de la guerra en el territorio de una Potencia neutral para fines puramente militares, y que no haya sido abierta para el servicio de mensajes públicos". Por ejemplo, "el uso de una infraestructura cibernética neutral para invadir la infraestructura cibernética del enemigo y llevar a cabo acciones perjudiciales para el beligerante contrario violaría la ley de neutralidad"

fraestructura cibernética que generalmente está abierta al uso
público y, por lo tanto, no podría considerarse una violación
por el beligerante del estatus de neutralidad (de acuerdo con
el artículo 8 del *Convenio V de La Haya*) y el Estado neutral no
estaría obligado a defender su territorio del tráfico hostil (*vid.
supra* Capítulo 3, apdo. II. 1).

La prohibición del uso se aplica incluso a aquellas ciberinfraestructuras neutrales que están situadas fuera del territorio
neutral en dos situaciones concretas: (i) si se trata de una ciberinfraestructura que disfruta de los beneficios de la neutralidad debido a la inmunidad soberana porque son utilizadas por
los órganos de un Estado neutral para fines gubernamentales
exclusivamente no comerciales; y/o (ii) si es una infraestructura o sistema de una entidad privada, un ordenador privado
o una persona del país neutral que no se encuentre dentro del
territorio beligerante[288].

(TALBOT JENSEN, E., "Sovereignty in the Age of Cyber", *op. cit.*,
nota 144, p. 825).

[288]   TALBOT JENSEN, E., "Sovereignty in the Age of Cyber", *op. cit.*,
nota 144, pp. 824 y 825. Una opinión diferente sobre las infraestructuras cibernéticas privadas la tiene Wolff VON HEINEGG, al señalar
que: "No está igualmente claro si la prohibición se aplica también al
uso (o abuso) de una infraestructura cibernética situada fuera del
territorio neutral que sea propiedad de una empresa privada o de
un particular. Sea como fuere, en tal situación, puede considerarse
que la infraestructura cibernética respectiva contribuye a la acción
militar del enemigo y, por lo tanto, el beligerante contrario tendría
derecho a tratarla como un objetivo militar lícito. Los objetivos militares lícitos han sido descritos en el art. 52.2 del Protocolo Adicional
I de 1977 a la Convención de Ginebra, reflejando esta definición el
derecho internacional consuetudinario" ("Neutrality in Cyberspace", *op. cit.*, nota 2, p. 39).

3.2.4. Prohibición de establecer estaciones telegráficas u otros aparatos en territorio neutral o en aguas neutrales con el fin de comunicarse con las fuerzas beligerantes

El artículo 3 (a) del *Convenio V de La Haya* contiene disposiciones relativas a las radiocomunicaciones inalámbricas, prohibiendo a los beligerantes:

> "(a) instalar en el territorio de una potencia neutral una estación radiotelegráfica o cualquier aparato con el fin de comunicarse con fuerzas beligerantes terrestres o marítimas".

Los Estados beligerantes no podrán, por lo tanto, autorizar este tipo de instalaciones en el territorio del Estado neutral si se utilizan para la comunicación con las fuerzas armadas o marítimas de los Estados beligerantes. La única excepción son las redes públicas, internacional y abiertamente accesibles como Internet, que pueden utilizarse para comunicaciones militares y no violarían el derecho de neutralidad incluso si ésta, o sus componentes, se encuentran en territorio neutral, de acuerdo con la Regla 151 del *Manual de Tallín 2.0*[289].

Por último, en el caso de que la ciberinfraestructura situada en un territorio neutral esté siendo utilizada para llevar a cabo actos hostiles contra otro beligerante, el beligerante atacado podrá responder, de forma proporcionada, para detener aquellos actos hostiles. Y, si las acciones hostiles provinieran de la propia ciberinfraestructura de del Estado neutral, una respuesta apropiada podría incluir atacar la infraestructura cibernética del Estado neutral, bien con respuestas cibernéticas, bien cinéticas. Incluso, el Estado atacado también podría responder ante un acto hostil no cibernético desde el territorio de un Es-

---

[289]   SCHMITT, M. N., *Tallinn Manual 2.0 on the International Law...*, *op. cit.*, nota 149, p. 556.

tado neutral con una operación cibernética que pondría fin al acto hostil[290], como veremos a continuación.

4. LAS CONSECUENCIAS DEL INCUMPLIMIENTO DEL ESTATUTO DE NEUTRALIDAD POR LOS ESTADOS NEUTRALES

Durante los conflictos armados internacionales, desde el final de la Segunda Guerra Mundial, los Estados neutrales han incumplido con regularidad sus obligaciones en virtud de la ley de neutralidad, apoyando o ayudando abierta o clandestinamente a una de las partes en un conflicto armado internacional en detrimento de la otra parte beligerante. Sin embargo, el hecho de que algunos Estados neutrales hayan intentado ocultar su neutralidad, o se esforzaron en justificar su conducta, es una prueba suficiente de que se consideraban obligados por la ley de neutralidad[291].

En este sentido, de acuerdo con el Derecho consuetudinario, si un Estado neutral no pone fin (o impide) el ejercicio de los derechos de un beligerante que suponen la violación del derecho de neutralidad, el otro beligerante tiene derecho a tomar las medidas necesarias (represalias) contra el Estado neutral (no contra el adversario) para poner fin a la violación, incurriendo el Estado neutral en responsabilidad internacional[292].

---

[290] TALBOT JENSEN, E., "Sovereignty in the Age of Cyber", *op. cit.*, nota 144, pp. 825 y 826.

[291] VON HEINEGG, W. H., "Neutrality in Cyberspace", *op. cit.*, nota 2, p. 44.

[292] Ahora bien, "si el Estado neutral aplica todos los medios a su alcance, aunque sin éxito, no será responsable jurídico-internacionalmente, en virtud del principio general del derecho "ultra posse nemo tenetur"" (VERDROSS, A., *op. cit.*, nota 13, p. 461). Véase también la Regla 22 del *Manual de San Remo:* "Si un Estado beligerante

En cuanto al ciberespacio, la Regla 153 del *Manual de Tallín 2.0, Respuesta de las partes en conflicto a las violaciones,* señala que

> "si un Estado neutral no pone fin al ejercicio de los derechos de beligerancia en su territorio, la parte agraviada en el conflicto podrá adoptar las medidas, incluso mediante operaciones cibernéticas, que sean necesarias para contrarrestar esa conducta"[293].

Ahora bien, esta Regla no se aplica a todas las violaciones de la neutralidad, sino únicamente a aquellas que afecten ne-

---

viola el régimen de las aguas neutrales, tal y como se establece en este documento, el Estado neutral está obligado a tomar las medidas necesarias para que cese esa violación. Si el Estado neutral no pone termino a la violación de sus aguas neutrales por un beligerante, el beligerante adverso deberá notificarlo al Estado neutral y concederle un tiempo razonable para que acabe con dicha violación. Si la violación de la neutralidad de un Estado por parte de un beligerante constituyera una amenaza grave e inmediata para la seguridad del beligerante adverso y no hubiera cesado, este Estado beligerante, a falta de otra alternativa factible y oportuna, podrá usar la fuerza estrictamente necesaria para responder a la amenaza que constituye la violación" (*op. cit.,* nota 243, p. 659).

[293] Esta Regla es generalmente aceptada como DI consuetudinario. Se trata de una forma de "autoayuda" que ofrece a la parte perjudicada en el conflicto un recurso contra las actividades ilícitas del enemigo en territorio neutral, incluido el uso beligerante de la infraestructura cibernética neutral que permanece sin abordar por el Estado neutral (SCHMITT, M. N., *Tallinn Manual 2.0 on the International Law…, op. cit.,* nota 149, p. 560). Lo que no queda tan claro es si los Estados neutrales también están obligados a impedir un futuro ejercicio de derechos beligerantes (VON HEINEGG, W. H., "Neutrality in Cyberspace", *op. cit.,* nota 2, p. 35). En todo caso, sobre lo que no cabe duda alguna es que "si, a pesar de sus mejores esfuerzos, no se previene un acto beligerante de guerra cibernética, el Estado neutral ha violado su deber de prevención y queda abierto a una respuesta beligerante" (TALBOT JENSEN, E., "Sovereignty in the Age of Cyber", *op. cit.,* nota 144, p. 826).

gativamente a la parte beligerante agraviada. Cualquier otra violación es competencia exclusiva del Estado neutral[294].

El *Manual de Tallín 2.0* ha establecido que, para que pueda aplicarse la Regla 153, deben darse dos condiciones:

i) En primer lugar, la violación del territorio del Estado neutral debe ser *grave*, de forma que la parte que viole el estatuto de neutralidad lo hace por la ventaja militar significativa que obtiene sobre el adversario[295].

ii) En segundo lugar, el ejercicio de los derechos de beligerancia en territorio neutral por una parte en conflicto debe representar una *amenaza inmediata* para la seguridad de la parte agraviada y no debe existir una alternativa factible y oportuna de actuar en territorio neutral. Por lo tanto, esta regla sólo se aplica si el Estado neutral no quiere o no puede cumplir las obligaciones que le impone la Regla 152 (*vid. supra* Capítulo 3, apdo. II). Cuando éste sea el caso, la parte agraviada tiene derecho a poner fin a una violación de la neutralidad por su adversario, bien una vez que el Estado neutral haya

---

[294] Por ejemplo, una operación de denegación de servicio de una parte contra una infraestructura cibernética neutral no tiene por qué suponer una ventaja militar frente a su enemigo y, en tal caso, el enemigo no tiene derecho a poner fin a la operación de denegación de servicio en virtud de esta regla (SCHMITT, M. N., *Tallinn Manual 2.0 on the International Law...*, *op. cit.*, nota 149, p. 560).

[295] Por ejemplo, el GEI acordó que establecer la capacidad de piratear cuentas personales de correo electrónico de miembros de bajo nivel de las fuerzas armadas enemigas no activa esta Regla. Por el contrario, supongamos que una de las partes en conflicto ha disminuido su capacidad cibernética debido a las hostilidades. El uso por esa parte de una ciberinfraestructura neutral para llevar a cabo operaciones cibernéticas contra el enemigo puede ser calificado como grave (SCHMITT, M. N., *Tallinn Manual 2.0 on the International...*, *op. cit.*, nota 149, pp. 560 y 561).

agotado todas las medidas a su disposición para lograr-
lo (sin éxito alguno), bien cuando el Estado neutral no
haga nada para poner fin a la violación[296].

Ahora bien, la parte agraviada en el conflicto no tiene derecho a recurrir inmediatamente al ejercicio de dichas medidas[297], sino que se deberá notificar previamente la concesión

---

[296]   SCHMITT, M. N., *Tallinn Manual 2.0 on the International Law...*, *op.
cit.*, nota 149, p. 561. En el mismo sentido, Eric TALLBOT JENSEN señala que "las acciones de un beligerante en repuesta a la incapacidad
o falta de voluntad de una acción neutral para mantener su neutralidad constituirían con toda seguridad una violación de la soberanía
del Estado neutral. Por tanto, no todas las acciones que técnicamente
puedan violar la neutralidad permitirían una respuesta beligerante,
sino sólo aquellas que constituyan una amenaza inmediata a la seguridad del beligerante contrario" (*op. cit.*, nota 144, p. 823).

[297]   Este derecho es una forma específica de contramedida, es decir,
una medida que sería ilícita si no se adoptara en respuesta a una
violación de las obligaciones internacionales por parte del Estado
objetivo, en el sentido del art. 22 del *Proyecto de Artículos sobre Responsabilidad del Estado por Hechos Internacionalmente Ilícitos* (adoptado por
la CDI en su 53ª período de sesiones (A/56/10) y anexado por la
AG en su Resolución 56/83, de 12 de diciembre de 2001). Su objeto
y fin es (1) inducir al Estado neutral a cumplir sus obligaciones; y
(2) permitir al beligerante agraviado preservar sus intereses de seguridad. Por lo tanto, no toda violación del estatuto de neutralidad
por parte de un beligerante justifica el recurso a contramedidas por
parte del otro beligerante. La violación en cuestión debe tener un
impacto negativo en los intereses legítimos de seguridad de ese beligerante. Este no será el caso si un beligerante toma medidas contra
la infraestructura cibernética de un Estado neutral que no impliquen una ventaja militar sobre el enemigo. El derecho a responder
a la violación queda entonces reservado exclusivamente al Estado
neutral. Además, es probable que el ejercicio de este derecho esté
sujeto a una excepción de *minimis* (VON HEINEGG, W. H., "Neutrality in Cyberspace", *op. cit.*, nota 2, p. 46). "Por otro lado, la invasión
de un Estado neutral en el territorio de otro Estado pondría en peligro su estatus, en cuyo caso estaría justificada la contramedida tanto

de un plazo razonable al Estado neutral para hacer frente a la violación del derecho de neutralidad. No obstante, si la violación supone una amenaza inmediata de la seguridad de la parte agraviada, ésta podrá, a falta de otra alternativa factible y oportuna, utilizar la fuerza inmediata necesaria para poner fin a la violación[298].

---

del Estado invadido como de sus aliados. Estos principios se extienden más allá de la invasión militar directa, incluso a actividades no violentas. Por ejemplo, un Estado neutral no podría permitir el establecimiento de una base militar extranjera dentro de sus fronteras ni vender armas a los participantes en el conflicto. A cambio, las partes beligerantes están obligadas a respetar la soberanía del Estado neutral, por ejemplo, evitando incursiones en sus aguas territoriales y su espacio aéreo" (STROHMEIER, M., PAVUR, J., MARTINOVIC, I. and LENDERS, V., *op. cit.*, nota 3, p. 3). Un análisis más completo acerca de las contramedidas, en relación con la neutralidad puede verse en: CORDEY, S. and KOHLER, K., *op. cit.*, nota 152, pp. 52 y ss. No obstante, algunas fuentes también discuten un principio fundamental de aquiescencia: si el Estado neutral no impide las infracciones de la ley de neutralidad en su territorio, debe consentir las medidas coercitivas adoptadas por los beligerantes en respuesta (NEUMAN, N., *op. cit.*, nota 5, p. 772).

[298] Por ejemplo, un beligerante que dirige operaciones cibernéticas contra su enemigo a través de un servidor en un Estado neutral. El Estado enemigo notifica al Estado neutral y le exige que impida el uso de su infraestructura cibernética. Si el Estado neutral no pone fin a las operaciones a tiempo, el beligerante agraviado puede lanzar legalmente una operación cibernética para destruir la funcionalidad del servidor (SCHMITT, M. N., *Tallinn Manual 2.0 on the International Law...*, *op. cit.*, nota 149, p. 561). En este sentido, Wolff H. VON HEINEGG señala: "Una respuesta inmediata del beligerante agraviado sólo es lícita si (i) la violación constituye una amenaza grave e inmediata para la seguridad de dicho beligerante; (ii) no existe una alternativa viable y oportuna; y (iii) la medida coercitiva adoptada es estrictamente necesaria para responder a la amenaza planteada por la infracción" ("Neutrality in Cyberspace", *op. cit.*, nota 2, pp. 45 y 46).

Capítulo 4.
Quo vadis, ciberneutralidad?

1. PRÁCTICA Y *OPINIO IURIS* ESTATAL. LIMITACIONES EN LA APLICACIÓN DEL PRINCIPIO DE NEUTRALIDAD EN EL CIBERESPACIO

El debate sobre la ciberneutralidad apenas acaba de comenzar y tanto académicos como Estados se encuentran aun discutiendo sobre la aplicación jurídica y práctica del Derecho internacional humanitario al ciberespacio. De hecho, la *opinio iuris* sobre la neutralidad en el ciberespacio aún es escasa y la práctica estatal aún menor. Únicamente Austria[299], Costa

---

[299]   Ha manifestado que "los derechos y obligaciones de los estados neutrales en caso de una guerra entre Estados bajo el derecho internacional son aplicables a las actividades cibernéticas. Un Estado neutral tiene la obligación de evitar cualquier violación de su neutralidad, incluido el uso de su territorio por una de las partes en conflicto. Las partes en conflicto están obligadas a respetar la integridad territorial del Estado neutral. No pueden realizar actividades cibernéticas relacionadas con conflictos desde instalaciones en el territorio o bajo el control exclusivo del Estado neutral, ni usar o tomar el control de la infraestructura de TIC de un estado neutral para llevar a cabo tales actividades" (*Position Paper of the Republic of Austria: Cyber Activities and International Law*, April 2024, p. 21, disponible en https://docs-library.unoda.org/Open-Ended_Working_Group_on_Information_and_Communication_Technologies_-_(2021)/Austrian_Position_Paper_-_Cyber_Activities_and_International_Law_(Final_23.04.2024).pdf).

Rica[300], Estados Unidos[301], Francia[302], Italia[303], Países Bajos[304],

---

[300] "La ley de neutralidad es aplicable a las operaciones cibernéticas llevadas a cabo durante un conflicto armado internacional, y protege a
las poblaciones y a la infraestructura cibernética en Estados neutrales
de los efectos de tales conflictos. Costa Rica entiende que el término
"Estado neutral" se refiere a cualquier Estado que no sea parte de un
conflicto armado internacional en curso" (*Costa Rica's position on the
application of International Law in Cyberspace*, Ministry of Foreign Affairs
of Costa Rica, 21 July 2023, p. 17, párr. 63, disponible en https://
docs-library.unoda.org/Open-Ended_Working_Group_on_Informa-
tion_and_Communication_Technologies_-_(2021)/Costa_Rica_-_
Position_Paper_-_International_Law_in_Cyberspace.pdf).

[301] *An Assessment of International Legal Issues in Information Operations, op.
cit.,* nota 232, pp. 7 y ss.

[302] "Las operaciones cibernéticas llevadas a cabo en el contexto de un
conflicto armado internacional, o que desencadenan dicho conflicto, están sujetas a la ley de neutralidad" (*Droit international appliqué
aux opérations dans le cyberspace,* Paris, Ministère des Armées, 2019, p.
17, disponible en https://www.defense.gouv.fr/sites/default/files/
ministere-armees/Droit%20international%20appliqué%20aux%20
opérations%20dans%20le%20cyberespace.pdf).

[303] "La ley de neutralidad se aplica en el ciberespacio en el contexto
de un conflicto armado internacional sobre la base del derecho
consuetudinario internacional existente" (*Italian position paper on
International Law and Cyberspace,* Ministry for Foreign Affairs, Rome,
2021, p. 10, disponible en https://www.esteri.it/mae/resource/
doc/2021/11/italian_position_paper_on_international_law_and_
cyberspace.pdf).

[304] "En un conflicto armado que involucre a otras partes, los Países Bajos pueden proteger su neutralidad impidiendo el uso por parte
de dichas partes de infraestructura y sistemas (por ejemplo, *botnets*)
en territorio holandés. Aquí se requiere una vigilancia constante,
así como una inteligencia sólida y una capacidad de escaneo permanente" (*Appendix: International law in cyberspace,* Government of
the Kingdom of Netherlands, Netherlands, 2019, p. 5, disponible en
https://www.government.nl/binaries/government/documents/
parliamentarydocuments/2019/09/26/letter-to-the-parliament-on-

República Checa[305], Suiza[306] y Rumanía[307] han manifestado su parecer, de forma expresa. No parece, por tanto, que se pueda afirmar que existe un consenso en su aplicación, sobre todo, cuando algunos Estados se han mostrado, incluso, contrarios a

---

the-international-legal-order-incyberspace/International+Law+in+the+Cyberdomain+-+Netherlands.pdf).

[305] "Debido a la interconectividad mundial del ciberespacio, la ley de neutralidad es de gran importancia para las operaciones cibernéticas realizadas como parte de un conflicto armado internacional. La República Checa comparte la posición tomada por el *Manual de Tallín 2.0* de que la ley de neutralidad se aplica a las operaciones cibernéticas y la infraestructura cibernética" (*Czech Republic. Position paper on the application of international law in cyberspace*, Ministry of Foreign Affairs of Czech Republic, 27 February 2024, párr. 32, disponible en https://mzv.gov.cz/file/5376858/_20240226___CZ_Position_paper_on_the_application_of_IL_cyberspace.pdf).

[306] "Como cuestión de principio, Suiza considera que los derechos y obligaciones de los países neutrales en los conflictos armados internacionales también son aplicables al ciberespacio" (*Switzerland's position paper on the application of international in cyberspace*, Annex UNGGE 2019/2021, Federal Department of Foreign Affairs FDFA, Confederation Suize, 2021, p. 4, disponible en https://www.eda.admin.ch/dam/eda/en/documents/aussenpolitik/voelkerrecht/20210527-Schweiz-Annex-UN-GGE-Cybersecurity-2019-2021_EN.pdf).

[307] "También opinamos que el principio de neutralidad se aplica a las operaciones cibernéticas como parte de un conflicto armado y, por lo tanto, los beligerantes deben abstenerse de dañar la infraestructura de información y comunicación situada en el territorio de un Estado neutral o de lanzar ataques desde dicha infraestructura" (*Official compendium of voluntary national contributions on the subject of hoy international law applies to the use of information and communications technologies by States,* submitted by participating governmental experts in the Group of Governmental Experts on Advancing Responsible State Behaviour in Cyberspace in the Context of International Security established pursuant to General Assembly, resolución A/73/266, 13 July 2021, p. 78, disponible en https://front.un-arm.org/wp-content/uploads/2021/08/A-76-136-EN.pdf).

que el Derecho internacional humanitario pueda aplicarse en el ciberespacio. Como ya vimos, Estados Unidos fue el primero en tratar la neutralidad en este ámbito en 1999[308] (*vid. supra* Capítulo 2, apdo. III) y, de los Estados neutrales permanentes, vemos cómo únicamente Suiza se ha manifestado acerca de la aplicación del principio al ciberespacio, si bien de forma restrictiva[309].

Algunas de las cuestiones que han tratado los Estados en relación con la neutralidad pueden verse en la siguiente tabla[310].

---

[308]　*An Assessment of International Legal Issues in Information Operations, op. cit.,* nota 232, pp. 7 y ss.

[309]　De hecho, si se compara con Francia o Estados Unidos, tiene una postura más limitada acerca de los deberes de los Estados neutrales. Por ejemplo, en cuanto al deber de prevención, mientras que Suiza defiende una interpretación restrictiva señalando explícitamente que solo es deber de los Estados neutrales prevenir el uso por los Estados beligerantes de sistemas estatales militares que estén bajo su control exclusivo, Francia señala que "el Estado neutral debe impedir *cualquier* uso por parte de los Estados beligerantes de la infraestructura situada en su territorio" (*Droit international appliqué aux opérations dans le cyberspace,* Paris, Ministère des Armées, 2019, p. 16).

[310]　La autoría de la tabla pertenece a CORDEY, S. and KOHLER, K., *op. cit.,* nota 152, p. 60.

Topics/ Countries	US	Netherlands	France	Switzerland	Italy	Romania
Scope of Application			X			X
Sovereign Right of Neutrals	(X)			X		
Non-participation/ Abstention Duty	(X)	X		X		
Impartiality Duty	X	X			X	
Prevention Duty	X	X	X	X		
Acquiescence Duty	(X)					
Cyber Operations against Neutral Territory or Infrastructure	(X)		X	X		X
Cyber Operations through Neutral Territory or Infrastructure	X		X			
Cyber Operations from Neutral Territory or Infrastructure	X		X	X	X	X
Remedies for Violation of Neutrality	X					

Fuente: CORDEY, S. and KOHLER, K., 2021.

Como puede apreciarse en la tabla, que resume los temas que abordan seis de los Estados que se han manifestado a favor de la aplicación del principio de neutralidad en el ciberespacio, mientras que "X" significa una referencia explícita, "(X)" indica una implícita.

La *opinio* de los Estados no es insignificante. Al contrario, su importancia reside, por un lado, en probar que la ciberneutralidad está en el debate jurídico internacional, pudiendo llevar a despertar la opinión de otros Estados sobre el tema; y, por otro, en que las posiciones manifestadas permiten afirmar que hay una serie de cuestiones que son centrales en el debate y todas ellas han sido tratadas por Estados, explícita o implícitamente[311].

---

[311] Lamentablemente, los dictámenes jurídicos de estos Estados solo señalan orientaciones demasiado limitadas para la práctica de estas normas sobre ciberneutralidad y, probablemente, serán los Estados neutrales permanentes los que tratarán de defender sus derechos,

Ahora bien, ante la reticencia de la mayor parte de los Estados a publicar su *opinio,* las organizaciones internacionales y regionales pueden fomentar los debates y ofrecer plataformas donde puedan llegar a alcanzarse consensos en relación con la ciberneutralidad. Hasta ahora solo la ONU, como se ha visto a través de los grupos de trabajo de expertos o gubernamentales, y la OTAN han logrado alcanzar consensos mientras que otras organizaciones internacionales se han limitado a afirmar la aplicación del DI al ciberespacio[312].

Por cuanto respecta a la UE, ésta ha declarado en su estrategia renovada de ciberseguridad[313] el interés de desarrollar una posición común de la UE sobre la aplicación del DI en el ciberespacio, con el objetivo de liderar y ser más proactiva en los diversos debates de Naciones Unidas o foros internacionales

---

mientras que las grandes potencias cibernéticas, con más interés y mayor capacidad, lo harán atendiendo a sus intereses geoestratégicos (CORDEY, S. and KOHLER, K., *op. cit.,* nota 152, pp. 59 y 60). De hecho, así ha ocurrido en la historia de la neutralidad, específicamente, con la neutralidad permanente y los Estados que la adoptaron (*vid. supra,* Capítulo 1, apdo. II).

[312] *International Law,* Organization of American States (OAS), AG/RES. 2959 (L-O/20), disponible en http://www.oas.org/en/sla/iajc/docs/AG-RES_2959_EN.pdf; *Leaders' Statement on Cybersecurity Cooperation, Singapore: Association of Southeast Asian Nations,* Association of Southeast Asian Nations (ASEAN), 2018, disponible en: http://setnas-asean.id/site/uploads/document/document/5b04cdc25d192-asean-leadersstatement-on-cybersecurity-cooperation.pdf; y *G20 Leaders' Communiqué Antalya Summit,* G20, 15-16 November 2015, disponible en https://www.gpfi.org/sites/gpfi/files/documents/G20-Antalya-Leaders-Summit-.

[313] *Joint Communication to the European Parliament and the Council the EU's Cybersecurity Strategy for the Digital Decade,* European Commission, Brussels, 2020, p. 20, disponible en https://digital-strategy.ec.europa.eu/en/library/eus-cybersecurity-strategydigital-decade-0.

sobre la materia. Y resultaba claramente necesaria dicha opinión común cuando solo nueve de los Estados miembros de la UE han emitido declaraciones sobre la aplicación del DI en el ciberespacio y únicamente seis de ellos (Austria, Francia, Italia, Países Bajos, República Checa y Rumanía) lo han hecho en relación con la aplicación del DIH a las obligaciones cibernéticas durante conflictos armados, pero difiriendo en algunos puntos en relación con la aplicación de la neutralidad[314]. Así, mientras que Francia, Italia, Países Bajos y Rumanía están de acuerdo en que el principio de neutralidad se aplique en el ciberespacio, éstos difieren en lo que implica pues, si bien los Estados están de acuerdo en que "debe respetarse el territorio neutral, absteniéndose de dañar cualquier infraestructura situada en dicho territorio o de utilizarlo para lanzar ataques", en cambio no lo hay en cuanto a "si el Estado neutral debe denegar *cualquier* acceso a su infraestructura TIC"[315].

---

[314] OSULA, A-M., KASPER, A. and KAJANDER, A., *op. cit.*, nota 203, p. 110)

[315] OSULA, A-M., KASPER, A. and KAJANDER, A., *op. cit.*, nota 203, p. 110). Dos parecen ser las posturas: por un lado, la francesa de permitir que solo la comunicación pueda pasar a través de su infraestructura y, por otro lado, la de impedir cualquier uso de la infraestructura de los beligerantes. Dónde sí hay acuerdo es en el hecho de tratar a todos los beligerantes por igual. Así, Francia considera que los beligerantes pueden utilizar la red TIC de los neutrales para comunicarse, pero debe impedir "cualquier uso" de la infraestructura (*International Law Applied To Operations in Cyberspace. Délégation a l'information et a la communication de la défense*, Ministère Des Armées, Paris, 2019, p. 16, disponible en https://www.defense.gouv.fr/content/download/567648/9770527/file/international+law+applied+to+operations+in+cyberspace.pdf); para Italia y los Países Bajos lo importante es que "cualquier acción" de un Estado neutral debe "aplicarse por igual a todos los beligerantes", sin que pueda proporcionar o denegar el acceso a uno solo de los beligerantes (*Paper on 'International Law and Cyberspace'*, Ministry for Foreign Affairs and International Cooperation, Rome, 2021, p. 10,

Incluso el pasado 18 de noviembre de 2024 se aprobó por el Consejo la *Declaración sobre un entendimiento común del Derecho internacional en el ciberespacio* de la UE y sus Estados miembros en la que, si bien hace referencia a diversas cuestiones relativas a la aplicación del Derecho internacional humanitario en el ciberespacio, entre éstas continúa sin incluirse referencia alguna a la neutralidad por parte de los Estados Europeos[316]. No parece, pues, que éstos tengan una postura al respecto.

No obstante, hemos visto cómo la práctica estatal ha ido implementando a lo largo de los años las diversas modalidades de la neutralidad, como respuesta a los acontecimientos históricos que se sucedieron, para que ésta pudiera adaptarse y así sobrevivir por lo que, de nuevo, la práctica será un factor decisivo en relación con la ciberneutralidad (junto a la *opinio iuris* analizada)[317]. Sin embargo, aún es pronto para saber qué

---

disponible en: https://www.esteri.it/mae/resource/doc/2021/11/italian_position_paper_on_international_law_and_cyberspace.pdf y *Appendix: International law in cyberspace*, Government of the Kingdom of Netherlands, Netherlands, 2019, p. 15, disponible en https://www.government.nl/binaries/government/documents/parliamentarydocuments/2019/09/26/letter-to-the-parliament-on-the-international-legal-order-incyberspace/International+Law+in+the+Cyberdomain+-+Netherlands.pdf.

[316] Si bien esta declaración "complementa y no prejuzga las posiciones nacionales actuales y futuras de los Estados miembros de la UE", no parece que, por el momento, pueda surgir una postura común relativa a la neutralidad entre los Estados miembros de la Unión (*Declaration on a Common Understanding of International Law in Cyberspace, General Secretariat of the Council*, Council of the European Union, Brussels, 18 November 2024, disponible en https://data.consilium.europa.eu/doc/document/ST-15833-2024-INIT/en/pdf).

[317] Como ha señalado Maria GAVOUNELI, "some aspects of neutrality have survived the onslaught of the UN Charter and the collective security system it created and have lived to see another day" (*op. cit.*, nota 55, p. 273).

dirección tomará el ejercicio estatal de la neutralidad en el ciberespacio.

Así, por el momento, si bien existe consenso en la aplicación del Derecho internacional y del Derecho internacional humanitario en el ciberespacio y, en consecuencia, no se cuestiona la aplicación del principio de neutralidad al ciberespacio, lo cierto es que la *opinio* de los Estados es escasa y no parece que exista demasiada transparencia en la práctica real. "De hecho, ningún Estado ha afirmado jamás públicamente que un beligerante ha violado su neutralidad con su operación cibernética"[318]. Lo que lleva a pensar a algunos autores que el principio de neutralidad, en retrospectiva, podría o debería haberse aplicado a algunos conflictos donde se produjeron ataques cibernéticos[319] y poder así analizar la práctica estatal.

---

[318] No hay comunicaciones expresas por los Estados acerca de cómo van a respetar el principio de neutralidad en relación con las operaciones cibernéticas, a diferencia de lo que ocurre con las operaciones cibernéticas, pudiéndose deducir esta omisión del limitado número de casos que existen en relación con la neutralidad y el ciberespacio (CORDEY, S. and KOHLER, K., *op. cit.*, nota 152, p. 61).

[319] Conflictos como, por ejemplo, la guerra de Nagono-Karabaj entre Armenia y Azerbaiyán en 2020 (MERCER, W., RASCAGNERES, P. and VENTURA, V., "PoetRAT: Malware targeting public and private sector in Azerbaijan evolves", *Talos*, 6 October 2020, disponible en https://blog.talosintelligence.com/poetrat-update/) o el conflicto entre Rusia y Georgia en 2008. Sin embargo, a pesar del conflicto, no existe ningún argumento relacionado con la ciberneutralidad por parte de Estados Unidos, Rusia o Georgia y la doctrina no obtuvo grandes conclusiones. Así, Stephen W. KORNS y Joshua E. KASTENBERG argumentaron que Estados Unidos, al haber permitido que el Ministerio de Asuntos Exteriores de Georgia fuera alojado en los servidores estadounidenses había "puesto en peligro" su neutralidad (no hace referencia a su violación) al no detener la comunicación militar entre un anfitrión estadounidense y Georgia de acuerdo con el artículo de la Convención de La Haya V y la creación de ejércitos de combatientes (esto es, técnicos norteamericanos que

2. PRINCIPALES RETOS DEL PRINCIPIO DE NEUTRALIDAD EN EL CIBERESPACIO

El principal desafío que plantea el principio de neutralidad es que éste pueda desplegar sus funciones también al ser aplicado en el ciberespacio[320]. Para alcanzarlo, son varios los retos que se presentan. Sin ánimo exhaustivo, analizaremos algunos de ellos en las siguientes líneas.

En primer lugar, abordaremos la regulación del ciberespacio y, de forma más específica, la aplicación y ejercicio del principio de neutralidad en el mismo. Teniendo en cuenta que esa aplicación es una cuestión delicada, sobre todo cuando estamos frente a conflictos cibernéticos que conllevan un aumento de las capacidades cibernéticas, tanto de actores estatales como de actores no estatales, que no hacen más que aumentar la

---

ayudaron a mantener los servicios georgianos) en servidores ("territorio") estadounidenses. Además, la imparcialidad de Estados Unidos también se puso en duda al apoyar abiertamente a Georgia y que, igualmente, Georgia violó la neutralidad de Estados Unidos al trasladar activos y datos a servidores de California (KASTENBERG, J. and KORNS, S., *op. cit.,* nota 233, pp. 68 y ss.). La respuesta llegó por parte de Danielle HIGSON, señalando que el principio de neutralidad no necesariamente debía aplicarse a este caso pues las operaciones que se llevaron a cabo contra el Ministerio de Asuntos Exteriores de Georgia no estaban necesariamente vinculadas al conflicto armado en cuestión, sino que se llevaron a cabo antes de las hostilidades y por una red criminal sin afiliación ni atribución definitiva. Además, añadió, Estados Unidos no dejó de cumplir con su deber de prevención debido a la excepción del telégrafo, que permite la comunicación pública en redes abiertas como Internet ("Applying the Law of Neutrality While Transitioning the Seas of Cyberspace," *American University National Security Law Brief,* vol. 6, issue 2, 2016, pp. 1-36, pp. 30 y ss., disponible en https://digitalcommons.wcl. american.edu/cgi/viewcontent.cgi?article=1102&context=nslb).

[320]   *Vid. supra* Capítulo I, apdo. IV.

presión sobre las soberanías territoriales y, por lo tanto, de los Estados y sus posibles posiciones neutrales, se hace necesario crear un régimen jurídico específico relativo al ciberespacio.

Las diversas dificultades que han sido analizadas en la aplicación del principio de neutralidad en el ciberespacio lo convierten en un dominio especialmente singular (*vid. supra* Capítulo 2, apdo. 3) por lo que, a pesar de que el derecho de neutralidad sea aplicable al ciberespacio, un enfoque jurídico estricto que esté sujeto a los tratados existentes o, incluso, plantearse la modificación de esos tratados, puede ser problemático en algunas cuestiones[321].De momento, la mejor opción es continuar aplicando *mutatis mutandi* el principio de neutralidad por analogía al ciberespacio.

Ahora bien, los siguientes aspectos deben ser tenidos en cuenta: (i) la inseguridad jurídica que puede crearse en la elección de una norma relativa al principio de neutralidad cuando debe ser aplicada a un nuevo dominio, muy diferente a lo ya conocido; (ii) pueden surgir dificultades prácticas en su aplicación debido, fundamentalmente, a la falta de límites territoria-

---

[321]   "Hasta ahora, el mundo sólo ha visto un subconjunto de los tipos probables de conflictos cibernéticos [los que no alcanzan el umbral]. Modificar los tratados para dar cabida sólo a los que hemos visto hasta ahora sería miope y modificarlos para incluir conflictos que aún no hemos visto y que solo podemos imaginar, sería una locura" (HEALEY, J., *op. cit.*, nota 6, pp. 25-26). En un sentido similar lo ha señalado Hitoshi NASU: "la dependencia militar de infraestructuras interconectadas como los activos cibernéticos (…) ha creado un entorno en el que la premisa fundamental sobre la que se construyó la ley tradicional de neutralidad podría verse comprometida. Este es especialmente cierto cuando una amplia gama de armas y equipos militares son fácilmente transferibles y susceptibles de rápida difusión sin que los Estados dispongan de medios tecnológicos para controlar, restringir o detectar el suministro y el apoyo transfronterizos" (*op. cit.*, nota 14, p. 14). Y, también, NEUMAN, N., *op. cit.*, nota 5, pp. 796-798.

les en el ciberespacio y en los que pueden instalarse las infraestructuras cibernéticas, dando lugar a problemas relativos a la
determinación de la responsabilidad o jurisdicción del Estado,
y que conllevarían un supuesto totalmente opuesto al control
estatal que presupone el principio de neutralidad, así como un
incumplimiento del estatuto jurídico del neutral; y (iii) debe
tenerse también en cuenta que, al mismo tiempo, algunos de
esos controles estatales en el ciberespacio pueden ir en contra
de determinados fundamentos del propio principio de neutralidad, como la prevención de una progresión del conflicto
o la preservación del libre comercio a pesar de los conflictos
armados, dando lugar a una posible erosión del principio de
neutralidad tradicional[322].

En segundo lugar, otro reto importante se relaciona con la
naturaleza descentralizada del ciberespacio y la voluntad de
algunos Estados de que así siga siendo, lo que sería contrario
a la aplicación del principio de neutralidad al ciberespacio al
suponer un mayor control de los Estados en el mismo a través
de su soberanía, llegándose incluso a hablar de gobernanza,
nacional o internacional[323].

En tercer lugar, se debe poner en valor no sólo lo que apor-
ta el principio de neutralidad *per se*, sino también las conse-

---

[322] Véase TALBOT JENSEN, E., "Sovereignty and Neutrality in Cyber
Conflict", *op. cit.*, nota 144, p. 841.

[323] Marcel STOLZ propone "una política de neutralidad que tenga en
cuenta la diferente naturaleza del ciberespacio mediante la definición de una política de neutralidad dual: la implementación convencional y más estricta para los conflictos convencionales, al tiempo que
se aplica un enfoque más flexible a la neutralidad en el ciberespacio, para permitir una mayor colaboración con otros Estados para el
desarrollo de capacidades cibernéticas. Además, con la aparición de
nuevos actores en el ciberespacio, es posible una interpretación muy
estricta de la política de neutralidad en el ciberespacio, para evitar
verse arrastrados a conflictos" (*op. cit.*, nota 46, p. 490).

cuencias que pueden derivarse del ejercicio del estatuto de un Estado neutral en las relaciones internacionales. Los Estados neutrales han sido considerados óptimos para la aplicación de los medios de resolución de controversias, como los buenos oficios, y su contribución a la paz y a la seguridad. Trasladar este rol de los Estados ciberneutrales a los conflictos en el ciberespacio es una tarea pendiente para el Derecho internacional[324]. Y la neutralidad ha demostrado también ser un marco útil en relación con las cuestiones que se deben abordar en el contexto del conflicto y su prevención[325]. En este sentido, no podemos olvidar las funciones de la neutralidad y apostar porque también éstas estén presentes en el ciberespacio. Es decir,

---

[324] "No hay razón para abandonar estas tradiciones porque están surgiendo nuevas formas de resolución de conflictos. Al contrario: es importante considerar cómo se pueden hacer contribuciones a la paz y la seguridad en la era cibernética. El espectro de posibles actividades es amplio (…). Buenos oficios. Los Estados neutrales son particularmente adecuados para proporcionar buenos oficios. Hoy en día, esto incluye todo tipo de asistencia a terceros (protección de mandatos de potencias, organización de conferencias y organizaciones internacionales, investigación de hechos, contribuciones a la resolución pacífica de disputas, etc.). El apoyo financiero a las actividades de investigación (atribución de ciberincidentes a la verificación de datos en relación con operaciones de información) es un ámbito de actividad que sigue la tradición de los buenos oficios. (…) Medidas de fomento de la confianza. Las medias de fomento de la confianza tienen un gran potencial para prevenir y calmar conflictos. Las medidas de fomento de la confianza suelen establecerse en el marco de acuerdos u organizaciones internacionales. Un Estado neutral puede brindar un apoyo eficaz utilizando su credibilidad para hacer sugerencias y, si es necesario, implementar medidas para generar confianza en sí mismo" (DAHINDEN, M., "Schweizer neutralität im zeitalter der cyberkriegsführung", *op. cit.* nota 49, pp. 15 y 16). V*id. supra* también Capítulo 1, apdo. IV.

[325] DAHINDEN, M., "Schweizer Neutralität im Zeitalter der cyberkriegsführung", *op. cit.*, nota 49, p. 19.

el desarrollo de la propia ciberneutralidad puede impulsar el papel decisivo de la mediación, los buenos oficios o, en general, la diplomacia preventiva de los Estados neutrales en los ciberconflictos[326].

Ahora bien, al igual que el principio de neutralidad ha ido adaptándose a las diferentes realidades y dominios (tierra, mar y aire) a lo largo de los años, todo indica (y así lo creemos) que de nuevo volverá a encontrar la forma de ser aplicado en el ciberespacio, pues algunos de sus elementos fundamentales (la imparcialidad e inviolabilidad de la soberanía de un Estado neutral), así como sus funciones básicas (disuasión de ataques contra su infraestructura cibernética durante un conflicto), parecen ser plenamente aplicables en el nuevo dominio. No obstante, y como ya se ha apuntado en varias ocasiones, las cuestiones sin resolver son aún muy numerosas[327].

---

[326] En los buenos oficios, algunos autores incluyen las actividades de investigación cibernética que pueden llevar a cabo los Estados neutrales, esto es, servicios de análisis forense (véase MÄDER, L. B., "Wenn der feindliche Zugang zum Computer gleich mitgeliefert wird", *nzz.ch*, 18 de marzo de 2019, disponible en https://www.nzz.ch/schweiz/wenn-der-feindliche-zugang-zum-computer-gleich-mitgeliefert-wird-ld.1467220?mktcid=nled&mktcval=107&kid=_2019-3-18). E, incluso, los Estados neutrales permanentes podrían convertirse en un refugio seguro para los datos de aquellas organizaciones internacionales que gozan de inmunidad. A pesar de la limitación que una autonomía tecnológica limitada pueda suponer (CORDEY, S. and KOHLER, K., *op. cit.*, nota 152, p. 62).

[327] Por ejemplo, mientras que la ONU recomienda que se debe apoyar a un Estado cuyas infraestructuras estén expuestas a ciberataques, "¿cuándo puede este apoyo ser considerado como ayuda humanitaria y cuándo se cruza el umbral del apoyo activo a una parte en un conflicto? ¿qué medidas debe adoptar un Estado neutral para garantizar que sus infraestructuras no puedan ser utilizadas por los beligerantes, tal y como establece el derecho de neutralidad? ¿qué formas de cooperación militar con otros Estados en el ámbito cibernético son ahora justificables sin perder la independencia o

En todo caso, si bien los detalles de su forma aún deben establecerse, es posible que la neutralidad encuentre un futuro en el ciberespacio[328] y, con ciertas modificaciones e interpretaciones, continuar siendo útil en sus funciones al tiempo que proporciona más claridad en la era cibernética[329].

3. CUESTIONES PENDIENTES

La cuestión de la ciberneutralidad en materia de seguridad y defensa en el ciberespacio debe ser abordada en la actualidad más a fondo, siendo necesario a la par que conveniente que ocupe un mayor espacio, tanto en los debates y discursos como en las actuales agendas políticas, nacionales, regionales e internacionales[330]. No nos cabe duda de que la aplicación de la neutralidad en el ciberespacio, que se encuentra en los debates jurídicos aproximadamente desde 2008[331], no sólo continuará

---

crear una imagen falsa? ¿qué ocurre si se desarrollan capacidades ofensivas de ciberguerra? ¿dañan la credibilidad de la neutralidad o son necesarias porque incluso los países neutrales tienen el derecho legítimo a la autodefensa?" (DAHINDEN, M., "Neutralidad y ciberespacio: nuevos retos para Suiza", *op. cit.*, nota 231).

[328] STOLZ, M., *op. cit.*, nota 46, p. 490.

[329] Por ejemplo, reconocer que el tráfico de Internet que atraviesa la infraestructura informática de un Estado neutral no es una violación de la neutralidad de ese Estado proporciona mayor claridad a los Estados que planean operaciones cibernéticas o que desean mantener la neutralidad" (TALBOT JENSEN, E., "Sovereignty and Neutrality in Cyber Conflict", *op. cit.*, nota 144, p. 841).

[330] DAHINDEN, M., "Neutralidad y ciberespacio: nuevos retos para Suiza", *op. cit.*, nota 231.

[331] La mayor parte del debate académico y la actividad sobre la neutralidad en el ciberespacio se produjo entre 2008 y 2015-2016, con un resurgimiento en 2021, debido a los conflictos cibernéticos surgidos, así como al interés en establecer un Derecho internacional del

en las discusiones futuras en el debate académico y en la *opinio iuris* de los Estados, sino que su importancia irá *in crescendo* y todo apunta a que será el sector académico y la sociedad civil quienes más profundicen en la cuestión.

Así, las cuestiones principales relativas al ciberespacio que, entendemos, deben estar en los debates futuros del principio de neutralidad tienen que ver, en primer lugar, con la necesidad de realizar un análisis minucioso y específico de cada una de sus normas, tal y como se hizo en el *Manual de Tallín 2.0*, donde se tengan en cuenta las características del ciberespacio y las diferencias existentes con los dominios para los que fueron elaboradas. Por un lado, se deben continuar aplicando aquellas normas que no cambian de un dominio a otro (por ejemplo, el derecho del neutral de impedir al beligerante llevar a cabo ataques desde su territorio), intentando agruparlas bajo principios más generales; y, por otro lado, comenzar con la elaboración de aquellas normas específicas relativas a la neutralidad de aplicación en el ciberespacio[332].

---

ciberespacio. Fue durante estos años cuando un grupo de juristas, algunos de ellos tecnólogos y occidentales en su mayor parte, comenzaron a tratar de forma amplia la neutralidad en el ciberespacio (CORDEY, S. and KOHLER, *op. cit.*, nota 152, p. 22).

[332] Ahora bien, "teniendo en cuenta las características únicas del ciberespacio, la posible aplicación de estos principios al ciberespacio debe considerarse con cautela, teniendo en cuenta únicamente los que se aplican de manera similar a los demás ámbitos y sólo si el fundamento de dicha aplicación no se ve alterado por las características únicas de la práctica contemporánea en el ciberespacio". Un ejemplo sería el principio de imparcialidad de forma que, para continuar siendo imparcial un Estado neutral en el ciberespacio, si impone "restricciones a los bancos privados que conceden préstamos en criptomonedas a un Estado beligerante, debe hacerlo también hacia el otro beligerante" (NEUMAN, N., *op. cit.*, nota 5, p. 799).

En segundo lugar, es necesario analizar, minuciosamente, la práctica estatal en cada una de sus manifestaciones futuras. Como ya se afirmó, no podemos afirmar que exista una práctica estatal suficiente para identificar las normas consuetudinarias de neutralidad que se aplican al ciberespacio[333], pero también tenemos dudas sobre si se ha realizado un análisis exhaustivo sobre aquellos aspectos relativos a la neutralidad en conflictos relativamente recientes. La tarea está aún por construir.

En tercer lugar, se debe continuar con el análisis de los ataques cibernéticos que no llegan a ser considerados un conflicto armado, para continuar el debate en relación con aquellas áreas que también podrían ayudar al ejercicio de la neutralidad en el ciberespacio: la obligación de diligencia debida, el umbral del uso de la fuerza, las contramedidas y las sanciones cibernéticas.

Por último, ante el aumento de las tensiones entre las grandes potencias y la ineficacia del Consejo de Seguridad, quizá los Estados no tengan más opciones que plantearse cómo deben posicionarse en su relación con los beligerantes implicados en un conflicto armado internacional. El derecho de neutralidad podría convertirse en un sistema residual del Derecho internacional que rige la relación jurídica entre beligerantes y no participantes con respecto a la conducción de las hostilidades y que podría tener su proyección, con ciertas adaptaciones, también en el ciberespacio[334].

---

[333] NEUMAN, N., *op. cit.*, nota 5, p. 800.

[334] "Sin embargo, la supervivencia de este régimen jurídico en el entorno moderno de la guerra exigirá un cambio en los límites de la ley con respecto a los derechos y obligaciones de los beligerantes, y los correspondientes derechos y obligaciones de los Estados neutrales, con el fin de dar cabida a sus intereses contrapuestos en el mundo interconectado. (…) hay que subrayar que la ley de neutralidad no sólo opera como consecuencia jurídica del fracaso de la seguridad

Ahora bien, habrá que esperar a que estas cuestiones sean puestas sobre la mesa para poder ir avanzando, algo que no parece que vaya a suceder rápidamente, sobre todo teniendo en cuenta la propia historia de la neutralidad en sí misma, que necesitó siglos hasta ser codificada y cuya última novedad importante surgió tras la adopción de la *Carta de las Naciones Unidas*. De hecho, dos factores parecen confirmar que no habrá una solución a corto plazo: por un lado, los Estados quizá no estén en condiciones de adoptar ahora una nueva carga (la neutralidad) en relación con el ciberespacio y, por otro, el cansancio general e, incluso, la incertidumbre que a muchos Estados (sobre todo, orientales) les puede producir la cuestión del ciberespacio y la neutralidad[335].

---

colectia, el mecanismo que la ONU ha diseñado para proporcionar el mantenimiento de la paz y la seguridad internacionales" (NASU, H., *op. cit.*, nota 14, pp. 14 y 15).

[335] En relación con el primer factor, un ejemplo podría ser el debate que ha surgido en torno al deber de diligencia debida que, si bien se acepta como norma consuetudinaria, son varios los Estados que no parecen aceptarla como vinculante en relación con el ciberespacio, dando lugar a que la diligencia debida sea entendida en la actualidad como una norma confusa. De hecho, no es baladí que Estados Unidos dude sobre considerar la diligencia debida como una norma interdependiente si tenemos en cuenta que muchas de las empresas de tecnología tienen su sede en territorio norteamericano. En cuanto al segundo factor, la falta de *opinio iuris* es un ejemplo claro de ello (CORDEY, S. and KOHLER, K., *op. cit.*, nota 152, p. 62).

Bibliografía y fuentes consultadas

I. Bibliografía doctrinal

1. Manuales, cursos y obras generales de Derecho internacional

DIEZ DE VELASCO, M., *Instituciones y Derecho Internacional Público*, Tomo I, 10ª ed., Tecnos, Madrid, 1994.

GUTIÉRREZ ESPADA, C. y CERVELL HORTAL, M.ª. J., *Derecho Internacional (Corazón y funciones)*, Civitas. Thomson Reuters, Navarra, 2022.

HPCR. *Manual on International Law Applicable to Air and Missile Warfare*, Program on Humanitarian Policy and Conflict Research at Harvard University, 2013.

SERENI, A. P., *Diritto Internazionale*, vol. IV, Giuffré, Milano, 1965.

SORENSEN, M. (ed.), *Manual de Derecho Internacional Público*, Fondo de Cultura Económica, México, 1973.

VERDROSS, A., *Derecho Internacional Público*, Biblioteca Jurídica Aguilar, 6ª ed., Madrid, 1976.

2. Monografías

BERMEJO GARCÍA, R y LÓPEZ-JACOISTE DÍA, E., *La ciberseguridad a la luz del Jus ad Bellun y del Jus in Bello*, Eunsa, Navarra, 2020.

CERVELL HORTAL, Mª. J., *La legítima defensa en el Derecho contemporáneo (nuevos tiempos, nuevos actores y nuevos retos)*, Tirant lo blanch, Valencia, 2017.

CRAWFORD, J., *Brownlie's Principle of Public International Law*, 9ª ed., 2012.

GUTIÉRREZ ESPADA, C., *La responsabilidad internacional por el uso de la fuerza en el ciberespacio*, Thomson Reuters Aranzadi, Navarra, 2021.

JIMÉNEZ DE ARÉCHAGA, E., *Derecho Constitucional de las Naciones Unidas*, Escuela de Funcionarios Internacionales, vol. 1, 1958.

KITTICHAISAREE, Kr., *Public International Law of Cyberspace*, Springer, Switzerland, 2017.

NYE J., JR., *Cyber power*, Bedfer Center for Science and International Affairs, Cambridge, 2010.

OPPENHEIM, L., *International Law. A Treatise: War and Neutrality*, vol. II, 2ª ed., Longmans, Green and Co., New York & Bombay, 1912.

PANGRAZZI, S., *Self-Defence against Cyberattacks? Digital and Kinetic Defence in Light of Article 51 UN-Charter*, ICT4Peace Publishing, Geneva. February 2021.

SUTER, A., *Neutralität. Praxis, Prinzip und Geschichtsbewusstsein*, Eine kleine Geschichte der Schweiz, Suhrkamp, Berlin, 1998.

SCHMITT, M. N., *Tallin Manual 2.0 on the International Law applicable to cyber operations*, Cambridge University Press, Cambridge, 2017.

UPCHER, J., *Neutrality in Contemporary International Law*, Oxford University Press, Oxford, 2020.

WRIGHT, J., *Derecho cibernético e internacional en el siglo XXI*, Chatham House, Londres, 2018.

3. Capítulos de libro

BOTHE, M., "The Law of Neutrality", in FLECK, D. (ed.), *The Handbook of International Humanitarian Law*, 3ª ed., Oxford University Press, Oxford, 2013.

CARRILLO SALCEDO, J. A., "Droit international et souveraineté des États. Cours général de droit international public», *Recueils des Cours de l'Académie de Droit International de La Haye*, vol. 257, 1996, pp. 35-222.

CERVELL HORTAL, Mª. J., «¿Un *soft law* para el ciberespacio? (De las normas no vinculantes y otras iniciativas)», en CERVELL HORTAL, Mª. J. y PIERNAS LÓPEZ, J. J., *Hacia una regulación internacional para el ciberespacio*, Aranzadi, 2023, pp. 123- 158.

CHADWICK, E., "Neutrality Revisited", in LIIVOJA R. & McCORMACK, T. (eds.), *Routledge Handbook of the Law of Armed Conflict*, Routledge, Abingdon, 2016, pp. 455-473.

CHAUMONT, Ch., "Nations Unies et neutralité», *Recueil des Cours de l'Académie de Droit International*, vol. 89, 1956-I, pp. 5-60.

CHINCHILLA ADELL, M., "El uso del ciberespacio para el control de armamento químico. El estatus jurídico de la tecnología *Blockchain* y sus beneficios", en CERVELL HORTAL, Mª. J. y PIERNAS LÓPEZ, J. J., *Hacia una regulación internacional para el ciberespacio*, Aranzadi, 2023, pp. 159-194.

CORN, G., "Cyber National Security: Navigating Frey Zones Challenges In and Through Cyberspace", in WILLIAMS, W. S. and FORD, C. M. (eds.), *Complex Battlespaces: The Law of Armed Conflict and the Dynamics of Modern Warfare*, Oxford Academy, 2018, USA, pp. 345-428.

CRAWFORD, E., "The Temporal and Geographic Reach of International Humanitarian Law", in SAUL, B. and AKANDE, D. (eds.), *The Oxford Guide to International Humanitarian Law*, Oxford University Press, Oxford, 2020, pp. 57-75.

GAVOUNELI, M., "Neutrality – A survivor?", *The European Journal of International Law*, vol. 23, núm. 1, 2012, pp. 267-273.

GUISÁNDEZ GÓMEZ, J., "El derecho en la guerra aérea", *Revista Internacional de la Cruz Roja*, núm. 146, 1998, pp. 377-393.

GUTIÉRREZ ESPADA, C., "¿Existe (ya) un Derecho aplicable a las actividades en el ciberespacio?", en CERVELL HORTAL, Mª. J. (dir.), *Nuevas tecnologías en el uso de la fuerza: drones, armas autónomas y ciberespacio*, Aranzadi, Cizur Menor, 2020, pp. 225-248.

– "La ciberguerra y el Derecho internacional", en MARTÍNEZ PÉREZ, E. J. (coord.), MARTÍNEZ CAPDEVILA, C., ABAD CASTELOS, M. y CASADO RAIGÓN, R. (dirs.), *Las amenazas a la seguridad internacional hoy*, Tirant lo Blanch, Valencia, 2017.

HEALEY, J., "When "Not My Problem" Isn´t Enough: Political Neutrality and National Responsibility in Cyber Conflict", CZOSSECK, C., OTTIS, K. and ZIOLKOWSKI, K. (eds.), *4th International Conference on Cyber Conflict*, NATO CCD COE Publications, Tallin, 2012, pp. 21-33.

HERRERO DE LA FUENTE, A. A., "Neutralidad, Neutralizaciones y Neutralismos", en *Curso de Derecho Internacional y Relaciones Internacionales de Vitoria-Gasteiz*, Universidad del País Vasco, 1988, pp. 118-159.

HINGSON, D., "Applying the Law of Neutrality While Transitioning the Seas of Cyberspace," *American University National Security Law Brief*, vol. 6, issue 2, 2016, pp. 1-36.

HORNBLOWER, S., "Neutrality", in HORNBLOWER, S., SPAWFORTH, A. and EIDINOW, E. (eds.), *The Oxford Classical Dictionary*, 4th ed., Oxford University Press, Oxford, 2012.

KASKA, K., "National Cyber Security Organization: The Netherlands", *NATO Cooperative Center of Excellence*, Tallinn, 2015, pp. 1-14.

KORNS, S. W. and KASTENBERG, J. E., "Georgia's Cyber Left Hook," *Parameters*, vol. 38, núm. 4, 2008, pp. 60-76.

KUEHL, Daniel. T., "From cyberspace to cyberpower: defining the problem", en KRAMER, F. D., STARR, S. H. y WENTZ, L. K., *Cyberpower and National Security*, Center for technology and National security police, National Defense University, Washington D.C., University of Nebraska Press, 2009.

LÓPEZ DE TURISO Y SÁNCHEZ, José, "La evolución del conflicto hacia un nuevo escenario bélico", en *El ciberespacio. Nuevo escenario de confrontación*, 2012, pp. 117-166.

MARIÑO MENÉNDEZ, F., "Zonas libres de armas nucleares en el Derecho Internacional", *Cursos de Derecho Internacional y Relaciones Internacionales de Vitoria-Gasteiz*, Universidad el País Vasco, 1986, pp. 147-207.

NASU, H., "The Laws of Neutrality in the Interconnected World: Mapping the Future Scenarios", in WAXMAN, M. and OAKLEY, T. (eds.), in *The Future of Law of the Armed Conflict*, Oxford University Press, Oxford, 2021, pp. 1-15.

OSULA, A-M., KASPER, A. and KAJANDER, A., "EU common position on international law and cyberspace", *Masaryk University Journal of Law and Technology*, vol. 16, núm. 1, 2022, pp. 89-121.

RABOIN, B., "Corresponding evolution: international law and the emergence of cyber warfare", *Journal of the National Association of Administrative Law Judiciary*, vol. 31, núm. 2, 2011, pp. 601-668.

REMIRO BROTÓNS, R., "Zonas libres de armas nucleares y territorios no nuclearizados: el caso español", *Cursos de Derecho Internacional y Relaciones Internacionales de Vitoria-Gasteiz*, Universidad el País Vasco, 1987, pp. 217-256.

ROSCINI, M., "Cyber Operations as a Use of Force", in TSAGOURIAS, N. y BOUCHAN, R. (eds.), *Research Handbook on International Law and cyberspace*, Edward Elgar Publishing, Cheltenham, 2015, pp. 233-254.

SCHINDLER, D., "Aspects Contemporains de la neutralité», *Recueil des Cours de l'Académie de Droit International*, vol. 121, 1967-II.

– "State of War, Belligerency, Armed Conflict", CASSESE, A. (ed.), *The New Humanitarian Law of Armed Conflict*, Editoriale Scientifica, 1979, pp. 303-320.

STROHMEIER, M., PAVUR, J., MARTINOVIC, I. and LENDERS, V., "Studying Neutrality in Cyber-Space: A Comparative Geographical Analysis of Honeypot Responses", in PERCIA D., MERMOUD, A. and MAILLART, T. (eds), *Critical Information Infrastructures Security*, CRITIS, 2022, pp. 1-12.

TSAGOURIAS, N. and BUCHAN, R., "The Law of Neutrality", in CLAPHAM, A., and GAETA, P. (eds.), *The Oxford Handbook of International Law in Armed Conflict*, 2014.

TUCKER, R. W., "The Law of War and Neutrality at Sea", *International Law Studies*, vol. 50, 1955, pp. 363-371.

TURNS, D., "Cyber War and the Law of Neutrality," in TSAGOURIAS, N. and BUCHAN, R., *Research Handbook on International Law and Cyberspace*, Edward Elgar Publishing, UK and USA, 2015, pp. 380–400.

VÁZQUEZ SERRANO, I., "La responsabilidad penal internacional en el ciberespacio: ¿Hacia el cibercrimen de guerra?", en CERVELL HORATAL, Mª. J. y PIERNAS LÓPEZ, J. J. (dirs.), *Hacia una regulación internacional para el ciberespacio*, Thomson Reuters Aranzadi, 2023, pp. 197-224

– "Rusia-Ucrania: ¿la primera ciberguerra global? De ciberejércitos y *hackers*", en JIMÉNEZ PINEDA, E. y BOLLO AROCENA, Mª. D. (dirs.), *El Derecho Internacional y Europeo contemporáneos ante la agresión rusa a Ucrania*, Tirant lo blanch, Valencia, 2024, pp. 213-241.

VON HEINEGG, W. H., "'Benevolent' Third States in International Armed Conflicts: The Myth of the Irrelevance of the Law of Neutrality", in SCHMITT, M. N. and PEJIC, J. (eds.), *International Law and Armed Conflict: Exploring the Faultlines*, Leiden/Boston 2007, pp. 543-568.

– "Neutrality in Cyberspace", CZOSSECK, C., OTTIS, K. and ZIOLKOWSKI, K. (eds.), *4th International Conference on Cyber Conflict*, NATO CCD COE Publications, Tallin, 2012, pp. 35-46.

4. Artículos

AMANA, A. R., "Neutrality of a State in Armed Conflict", *Cavendish University Law Journal*, vol. 1, August 2022, pp. 25-42.

BARCIA TRELLES, C., "El problema de la unidad occidental y la polémica de los neutralismos", *Revista de Política Internacional*, núm. 7, 1951, pp. 45-71.

BEATLY, G., "War crimes in cyberspace: prosecuting disruptive cyber operations under Article 8 on the Rome Statute", *The Military Law and the Law of War Review*, vol. 58, núm. 2, 2020, pp. 209-239.

BERMEJO, R. y BOU, V., "El marco jurídico de la cooperación económica en la Antártida: realidades y perspectivas de futuro", *Anuario Argentino de Derecho Internacional*, 1992-1993, pp. 91-136.

BERMEJO GARCÍA, R. y POZO SERRANO, P., "Heidi en Nueva York: algunos comentarios sobre la adhesión de suiza a las Naciones Unidas", *Revista Española de Derecho Internacional*, vol. LIV, 2002, pp. 115-129.

BORRÁS RODRÍGUEZ, A., "La neutralización de Suiza y sus relaciones con la Comunidad Económica Europea", *Anuario Español de Derecho Internacional*, vol. II, 1975, pp. 303-323.

CALLEJO CRESPO, D., "La adopción de sanciones contra Rusia por la Guerra de Ucrania: la perspectiva de la Comisión Europea", *Revista de Derecho Comunitario Europeo*, núm. 75, pp. 69-90.

CASTILLERO PIMENTEL, E., "Significado y alcance de la neutralización de Panamá", *Anuario Hispano-Luso-Americano de Derecho Internacional*, núm. 4, 1973, pp. 605-610.

CASTRÉN, E., "The preset law of war and neutrality", *The American Journal of International Law*, vol. 49, núm. 2, 1955, pp. 274-277.

CERVELL HORTAL, Mª. J., "Ciberinjerencias en procesos electorales y principio de no intervención (una perspectiva internacional y europea)", *Revista Electrónica de Estudios Internacionales*, núm. 45, junio 2023, pp. 1-33.

CHAUVIN, J. M., "NATO Cyber Defence Policy: An adaptation to the emerging threats of the 21st century, or the resurgence of Cold War logic in the "fifth battlefield"?, *Aberystwyth University*, 2014, pp. 1-85.

CHIRCOP, L., "Territorial Sovereignty in Cyberspace after *Tallinn Manual 2.0*", *Melbourne Journal of International Law*, vol. 20, núm. 2, 2019, pp. 1-29.

CORN, G. y TAYLOR, R, "Sovereignty in the Age of Cyber", *American Journal of International Law Unbound*, núm. 111, pp. 207-212.

CUBEIRO, E., "El ciberespacio en la guerra de Ucrania", *Revista del Instituto Español de Estudios Estratégicos*, núm. 32/2022, pp. 1-14.

DAHINDEN, M., "Schweizer Neutralität im Zeitalter der cyberkriegsführung", *ICT for peace foundation*, Policy Brief, Diskussionspapier, Geneva, 2021, pp. 1-20.

DE LA HABA DE LOS RÍOS, G., "La evolución jurídica de la neutralidad y su pervivencia en el actual Derecho Internacional", *Revista Española de Derecho Militar*, núm. 115, 2021, pp. 289-309.

DE MIGUEL BÁRCENA, J., "Neutralidad y Derecho Constitucionalidad", *Teoría y Realidad Constitucional*, núm. 49, 2022, pp. 239-267.

DE SALAS CLAVER, J., "De la flecha al ratón. Consideraciones jurídicas de las operaciones en el ciberespacio", *Cuadernos de Estrategia*, núm. 201, 2019, pp. 133-176.

DE ZAVALA, J., "El Mediterráneo y su neutralización", *Revista de Política Internacional*, núm. 106, 1969, pp. 11-24.

ECHÁNOVE, A., "La neutralización del Mediterráneo", *Razón y fe*, tomo 179, núm. 854, 1969, pp. 234-238.

EFRONY, D. y SHANY, Y., "A Rule Book on the Shelf? Tallinn Manual 2.0 on Cyber Operations and Subsequent State Practice", *Hebrew University of Jerusalem Legal Studies Research Paper Series*, núm. 18-22, 2018, pp. 583-657.

GRAHAM, M. W., "Neutrality and the World War", *The American Journal of International Law*, vol. 27, núm. 4, 1923, pp. 704-723.

GROS ESPIELL, H., "La neutralidad permanente de Costa Rica y el Sistema Interamericano", *Revista Española de Derecho Internacional*, vol. 39, núm. 1, 1987, pp. 7-22.

HAUNG, H., "La neutralidad como Principio Fundamental de la Cruz Roja", *Revista Internacional de la Cruz Roja*, núm. 138, 1996, pp. 670-673.

HIGSON, D., "Applying the Law of Neutrality While Transitioning the Seas of Cyberspace," *American University National Security Law Brief*, vol. 6, issue 2, 2016, pp. 1-36.

HOFER, A., "The EU and its Member States at War in Ukraine? Collective Self-defence, Neutrality and Party Status in the Russo-Ukraine War", *European Paper*, vol. 8, núm. 3 2023, pp. 1697-1740.

HORTAL, Mª. J., "*Ciberinjerencias* en procesos electorales y principio de no intervención (una perspectiva internacional y europea)", *Revista Electrónica de Estudios Internacionales*, núm. 45, junio 2023, pp. 1-33.

HUMMER, W., "La adhesión de un Estado con neutralidad permanente a las Comunidades Europas: el caso de Austria", *Revista de Instituciones Europeas*, vol. 17, núm. 3, 1990, pp. 827-872.

KASTENBERG, J. E., "Non-Intervention and Neutrality in Cyberspace: An Emerging Principle in the National Practice of International Law", núm. 64, *The Air Force Law Review*, 2009, pp. 43-64.

KASTENBERG, J. and KORNS, S., "Georgia's Cyber left Hook", *US Army War College quarterly*, vol. 38, núm. 4, 2009, pp. 60-76.

KELSEY, J. T. G., "Hacking into International Humanitarian Law: The Principles of Distinction and Neutrality in the Age of Cyber Warfare", *Michigan Law Review*, vol. 106, núm. 7, 2008, pp. 1427-1452.

KETTEMAN, M. C., "Ensuring cybersecurity through international law", *Revista Española de Derecho Internacional*, vol. 69, núm. 2, 2017, pp. 281-289.

LABROUSSE, H., «L'Océan Indien, 'Zone de Paix': un objectif louable mais incertain. Conférence Internationale», *Revue Défense Nationale*, núm. 496, 1989, pp. 77-81.

LEMNITZER, J. M., "Back to the Toots: The Laws of Neutrality and the Future of Due Diligence in Cyberspace", The *European Journal of International Law*, vol. 33, núm. 3, 2022.

LENNIS, T. E., "Neutrality, its History, Economics and Law. Vol. 1: The Origins", *West Virginia Law Quarterly*, vol. 42, núm. 2, 1936, pp. 173-177.

LÓPEZ DE TURISO Y SÁNCHEZ, J., "La evolución del conflicto hacia un nuevo escenario bélico", en *El ciberespacio. Nuevo escenario de confrontación*, Ministerio de Defensa, 2012, pp. 117-166.

MASSIA-MARTÍN, A., "El neutralismo argelino", *Revista de Política Internacional*, núm. 165, 1963, pp. 127-36.

MARIÑAS, L., "Camboya: las raíces y razones de una neutralidad", *Revista de Política Internacional*, núm. 102, 1969, pp. 171-203.

MARTÍN DE LA ESCALERA, C., "La Conferencia de Bangkok. El neutralismo asiático y los países amparados", *Revista de Política Internacional*, núm. 21, 1955, pp. 61-71.

MENÉNDEZ, J., "El peligroso neutralismo del Reino del Millón de Elefantes", *Revista de Política Internacional*, núm. 52, 1960, pp. 185-200.

MOYNIHAN, H., "The application of international law to state cyberattacks: sovereignty and non-intervention", *Chatman House*, 2019, pp. 2-59.

MORALES LEZCANO, V., "Neutralidad y no beligerancia española en la Segunda Guerra Mundial", *Revista de Estudios Internacionales*, núm. 4, 1983, pp. 813-815.

– "Las causas de la no beligerancia española, reconsideradas", *Revista de Estudios Internacionales*, vol. 5, pp. 609-631, 1984.

MOREIRA, A., "Neutralidad colaborante", *Revista de Política Internacional*, núm. 95, 1968, pp. 21-38.

NEUMAN, N., "Neutrality and Cyberspace: Bridging the Gap between Theory and Reality", *International Law Studies*, vol. 97, 2021, pp. 765-802.

NOVAK, F., "La neutralidad en el Derecho Internacional Contemporáneo", *Agenda Internacional*, vol. 3, núm. 7, 1997, pp. 97-119.

OCÓN A. L. y GASTALDI, S., "Ciberespacio y defensa nacional: una reflexión sobre el dilema libertad-seguridad en el ejercicio de la soberanía", *Dossier Formación Militar*, 2019, pp. 91-111.

PIERNAS LÓPEZ, J. J., "The international law principle of due diligence and its application to the cyber context", *Anales de Derecho*, vol. 41, 2024, pp. 66-95.

RABOIN, B., "Corresponding evolution: international law and the emergence of cyber warfare", *Journal of the National Association of Administrative Law Judiciary*, vol. 31, núm. 2, 2011, pp. 601-668.

ROBLES CARRILLO, M., "El ciberespacio: presupuestos para su ordenación jurídico-internacional", *Revista Chilena de Derecho y Ciencia Política*, vol. 7, núm. 1, 2016, pp. 1-43.

– "La posición de Francia sobre el régimen jurídico de las operaciones en el ciberespacio", *Instituto Español de Estudios Estratégicos*, núm. 51, 2020, pp. 848-866.

RONZITTI, N., "Neutrality, non-belligerency, and permanent neutrality according to recent practice and doctrinal views", *Journal of Conflict & Security Law*, núm. 29, 2024, pp. 55-71.

– "Malta's Permanent Neutrality", *Italian Yearbook International Law*, vol. 5, 1983, pp. 171-201.

RUBIO GARCÍA, L., "Neutralismo y comunismo: índices de la complejidad asiática", *Revista de Política Internacional*, núm. 29, 1957, pp. 183-190.

SCHAAP, A. J., 'Cyber Warfare Operations: Development and Use under International Law', *Air Force Law Review*, núm. 64, 2009, pp. 121-173.

SCHMID, E., "Optional but not qualified: Neutrality, The UN Charter and humanitarian objectives", *International Review of the Red Cross*, 2024, pp. 1-21.

SCHMITT, M. N., "Grey Zones in the International Law of Cyberspace", *Yale Journal of International Law Online*, vol. 42, núm. 2, 2017, pp. 1-21.

SCHINDLER, D., "Changing Conceptions of Neutrality in Switzerland", *Austrian Journal of Public International Law*, vol. 42, 1991, pp. 277-294.

SEGURA SERRANO, A., "Ciberseguridad y Derecho internacional", *Revista Española de Derecho Internacional*, vol. 69, núm. 2, 2017, pp. 291-299.

SOMMARUGA, C., "Swiss neutrality, ICRC neutrality: ser they indissociable? An independence worth protecting", *International Review of the Red Cross*, núm. 288, June 1992, pp. 264-273.

STOLZ, M., "On Neutrality and Cyber Defence", *Conference Item*, 2019, pp. 484-491.

TALBOT JENSEN, E., "Sovereignty and Neutrality in Cyber Conflict", *Fordham International Law Journal*, vol. 35, núm. 3, 2012, pp. 815-841.

– "The Tallinn Manual 2.0: highlights and insights", *Georgetown Journal of International Law*, vol. 48, núm. 3, 2017, pp. 735-778.

TODD, G. H., "Armed Attack in Cyberspace: Deterring Asymmetric Warfare with an Asymmetric Definition", *The Air Force Law Review*, 2009, pp. 65-102.

TONCIC-SORINJ, L., "La esencia de la neutralidad", *Revista de Política Internacional*, núm. 48, 1960, pp. 79-89.

VAGTS, D., "The Traditional Legal Concept of Neutrality in a Changing Environment", *American University International Law Review*, vol. 14, núm. 1, 1998, pp. 83-102.

VON DER DUNK, F. G., "Armed Conflicts in Outer Space: Which Law Applies?", *International Law Studies*, vol. 97, 2021, pp. 188-231.

VON HEINEGG, W. H., "Territorial Sovereignty and Neutrality in Cyberspace", *International Law Studies*, vol. 89, 2013, pp. 123-156.

WALKER, K. G., "Information Warfare and Neutrality", *Vanderbildt Journal of Transnational Law*, vol. 33, núm. 5, 2000, pp. 1079-1202.

WATTS, S., "Low-Intensity Cyber Operations and the Principle of Non-Intervention", *Baltic Yearbook of International Law*, vol. 14, núm. 1, 2015, pp. 137-161.

WEGNER, H., "La 'ciberguerra' se puede evitar", *Política Exterior*, vol. XXVI, núm. 146, 2012, pp. 140-153.

WESSELS, J. I., "Introduction: The Digital Age Open Up New Terrains for Peace and Conflict Research", *Conflict and Society*, vol. 4, núm. 1, pp. 125-129.

II. Informes y documentos de análisis, opinión y trabajo

1. Documentos de las Naciones Unidas

Informe del Grupo de Expertos Gubernamentales sobre los avances en el campo de la información y las telecomunicaciones en el contexto de seguridad internacional, A/68/98, 24 de junio de 2013.

Informe del Grupo de Expertos Gubernamentales sobre los avances en el campo de la información y las telecomunicaciones en el contexto de seguridad internacional, A/70/174, 22 de julio de 2015.

Official compendium of voluntary national contributions on the subject of how international law applies to the use of information and communications technologies by States, submitted by participating governmental experts in the Group of Governmental Experts on Advancing Responsible State Behavior in Cyberspace in the Context of International Security established pursuant to General Assembly, resolución A/73/266, 13 July 202.

Resolución de la Asamblea General, 995 (X), de 14 de diciembre de 1955.

2. Documentos de otras organizaciones internacionales

Declaration on a Common Understanding of International Law in Cyberspace, General Secretariat of the Council, Council of the European Union, Brussels, 18 November 2024,

Joint Communication to the European Parliament and the Council the EU's Cybersecurity Strategy for the Digital Decade, European Commission, Brussels, 2020.

International Law, Organization of American States (OAS), AG/RES. 2959 (L-O/20).

Leaders' Statement on Cybersecurity Cooperation, Singapore: Association of Southeast Asian Nations, Association of Southeast Asian Nations (ASEAN), 2018.

Société des Nations, Recueil des Traités, vol. CLXV, 1936.

3. Otros documentos

AKANDE, D., COCO, A. and DE SOUZA, T., "Old Habits Die Hard: Applying Existing International Law in Cyberspace and Beyond", *EJIL: TALK!*, January 5, 2021.

An Assessment of International Legal Issues in Information Operations, Department of Defense General Counsel, May 1999.

Appendix: International law in cyberspace, Government of the Kingdom of Netherlands, Netherlands, 2019.

BARLOW, J. P., *Declaración de independencia del ciberespacio*, Davos, 8 de febrero de 1996.

Czech Republic. Position paper on the application of international law in cyberspace, Ministry of Foreign Affairs of Czech Republic, 27 February de 2024.

CORDEY, S. and KOHLER, K., *The Law of Neutrality in Cyberspace. Cyberdefense Report*, Center for Security Studies, ETH Zürich, Zürich, December 2021.

Costa Rica's position on the application of International Law in Cyberspace, Ministry of Foreign Affairs of Costa Rica, 21 July 2023.

CULLEN, P. J. and REICHBORN-KJENNERUD, E., *MCDC Countering Hybrid Warfare Project: Understanding Hybrid Warfare Project*, pp. 1-36.

Cyberspace is a complex and dynamic environment, interdependent with the electromagnetic spectrum, and is key to all military operations on land, sea, and in air and space, Cyber Primer. Ministry of Defense (Development, concepts and doctrine center. Second edition), July 2016, pp. 1-100.

Declaration on a Common Understanding of International Law in Cyberspace, General Secretariat of the Council, Council of the European Union, Brussels, 18 November 2024.

DoD Dictionary of Military and Associated Terms, Department of Defense (DoD), JP 1-02, 15 February 2016.

Droit international appliqué aux operations dans le cyberspace, Paris, Ministère des Armées, 2019.

Effects of a Formal Declaration of War: U.S. Defense Department Statement, International Legal Materials, vol. 5, núm. 4, July 1996.

G20 Leaders' Communiqué Antalya Summit, G20, 15-16 November 2015.

GERY, A., "Navigating France's View son Sovereignty in Cyberspace: Why Might France Not be in the "Sovereignty-As-A-Rule" and in the "Pure Sovereignty" Camps", *EJIL: Talk!*, September 19, 2024.

GHEBALI, V-Y., "La Suisse à l'ONU: dits et non-dits», *Tribune de Genève*, 26 de enero de 2002.

International Law Applied To Operations in Cyberspace. Delegation a l'information et a la communication de la défense, Ministère Des Armées, Paris, 2019.

Italian position paper on International Law and Cyberspace, Ministry for Foreign Affairs, Rome, 2021.

MÄDER, L. B., "Wenn der feindliche Zugang zum Computer gleich mitgeliefert wird", *nzz.ch,* 18 de März de 2019.

MERCER, W., RASCAGNERES, P. and VENTURA, V., "PoetRAT: Malware targeting public and private sector in Azerbaijan evolves", *Talos,* 6 October 2020.

Neutrality Proclamations and Decrees, 1914-1918, Department of State, United States.

Paper on 'International Law and Cyberspace', Ministry for Foreign Affairs and International Cooperation, Rome, 2021.

Position Paper of the Republic of Austria: Cyber Activities and International Law, April 2024.

"Reckless Campaign of Cyber Attacks by Russian Military Intelligence Service Exposed", National Cyber Security Centre, 3 October 2018.

SCHMITT, M. N., "International Cyber Law Politicized: The UN GGE's Failure to Advance Cyber Norm", *Just Security,* June 30, 2017.

– *"Norm-Skepticism in Cyberspace? Counter-Factual and Counterproductive",* *Just Security,* Feb. 28, 2020.

– *Switzerland's position paper on the application of international in cyberspace,* Annex UNGGE 2019/2021, Federal Department of Foreign Affairs FDFA, Confederation Suzie, 2021.

Washingtons Summit Declaration, NATO, 10 July 2024.

WELLER, M., "Opinions for a Peace Settlement for Ukraine: Option Paper I-Neutrality and Related Concepts", *Opinio Juris,* March 31, 2022.

tirant
PRIME

Inteligencia jurídica
en expansión

Trabajamos para
mejorar el día a día
del **operador jurídico**

Adéntrese en el universo
de **soluciones jurídicas**

 96 369 17 28 ✉ atencionalcliente@tirantonline.com

prime.tirant.com/es/